ACCESO GRATIS ***a la Lectura en la Nube***

Para visualizar el libro electrónico en la nube de lectura envíe junto a su nombre y apellidos una fotografía del código de barras situado en la contraportada del libro y otra del ticket de compra a la dirección:

ebooktirant@tirant.com

En un máximo de 72 horas laborales le enviaremos el código de acceso con sus instrucciones.

INTERNACIONALIZACIÓN EN LAS UNIVERSIDADES TECNOLÓGICAS MEXICANAS

Realidades, Desafíos y Marco Conceptual

Procedimiento de selección de originales, ver página web:

www.tirant.net/index.php/editorial/procedimiento-de-seleccion-de-originales

Carlos Silverio Huerta Jiménez

INTERNACIONALIZACIÓN EN LAS UNIVERSIDADES TECNOLÓGICAS MEXICANAS

Realidades, Desafíos y Marco Conceptual

tirant humanidades
Ciudad de México, 2025

En caso de erratas y actualizaciones, la Editorial Tirant Humanidades publicará la pertinente corrección en la página web www.tirant.com/mex/.

Esta obra fue dictaminada por la editorial bajo el sistema de arbitraje de doble ciego.

© TIRANT HUMANIDADES
DISTRIBUYE: TIRANT LO BLANCH MÉXICO
Av. Tamaulipas 150, oficina 502
Hipódromo, Cuauhtémoc, 06100, Ciudad de México
TELFS.: +52 1 55 65502317
infomex@tirant.com
www.tirant.com/mex/
www.tirant.es
Librería virtual: www.tirant.es
ISBN: 978-84-1081-604-6

Si tiene alguna queja o sugerencia, envíenos un mail a: atencioncliente@tirant.com. En caso de no ser atendida su sugerencia, por favor, lea en *www.tirant.net/index.php/empresa/politicas-de-empresa* nuestro Procedimiento de quejas.
Responsabilidad Social Corporativa: *http://www.tirant.net/Docs/RSCTirant.pdf*

Sobre el autor

Carlos Silverio Huerta Jiménez es un educador e investigador con más de veinte años de experiencia en la internacionalización de la educación superior en México y Estados Unidos. Es Doctor en Investigación e Innovación Educativa (BUAP-Cum Laude-SNP-SECIHTI) y Maestro en Administración de Instituciones Educativas (BUAP). Es fundador y dirige la asociación civil mexicana USMEXFUSION, A.C., que promueve y apoya la internacionalización de la educación superior en México. Es profesor investigador en la Universidad Politécnica de Puebla en modalidad Estancia Postdoctoral de la Secretaría de Ciencia, Humanidades, Tecnología e Innovación SECIHTI. Es miembro del Sistema Nacional de Investigadores. Ha publicado diversos artículos en el campo de la educación superior, particularmente la internacionalización de este sector. Sus investigaciones han sido presentadas en diversas conferencias nacionales e internacionales. Es miembro activo de asociaciones profesionales y de voluntariado a nivel nacional e internacional.

Índice

AGRADECIMIENTOS

La culminación de una investigación de largo aliento y su transformación en el presente libro no es nunca un esfuerzo solitario, sino el resultado de la confluencia de apoyos, orientaciones y confianzas que se entrelazan a lo largo del camino. Es por ello que deseo expresar mi más profundo agradecimiento a las personas e instituciones que, de diversas maneras, hicieron posible este proyecto.

En primer lugar, mi gratitud se dirige a la Secretaría de Ciencia, Humanidades, Tecnología e Innovación SECIHTI (antes Consejo Nacional de Humanidades, Ciencia y Tecnología CONAHCYT), cuyo invaluable apoyo a través de una beca doctoral y actualmente con una beca de estancia posdoctoral me ha permitido dedicarme de tiempo completo a mi formación y producción como investigador. Sin este respaldo, la realización de esta obra simplemente no habría sido posible.

A la Benemérita Universidad Autónoma de Puebla y, de manera muy especial, al Doctorado en Investigación e Innovación Educativa de la Facultad de Filosofía y Letras, les debo mi formación académica y el espacio intelectual que nutrió este trabajo. Agradezco a su coordinación y a su distinguida planta docente por su compromiso con la calidad y el rigor académico. Agradezco especialmente a mi director de tesis, el Dr. Marco Antonio Velázquez Albo.

Expreso mi sincera gratitud a la Universidad Tecnológica de Tehuacán y a la Universidad Tecnológica de Tlaxcala, a sus directivos, académicos, personal administrativo y estudiantes que participaron en el estudio. Su colaboración es un testimonio de su compromiso con la mejora de la educación superior en México.

Finalmente, en un plano más personal, agradezco a mi familia, por su paciencia, su aliento y su amor incondicional a lo largo de este exigente viaje. A mis hermanos, Daniel Alberto Huerta Jiménez y Susana Paulina

Huerta Jiménez por su ejemplo de resiliencia. A mis padres, Silverio Huerta Mendoza y Susana Jiménez Barajas, dedico este logro, como un humilde reflejo del esfuerzo y los valores que me inculcaron.

A todos ellos, gracias.

PREFACIO

Este libro, "Internacionalización en las Universidades Tecnológicas Mexicanas: Realidades, Desafíos y Marco Conceptual", representa el primer volumen de un estudio exhaustivo que es fruto de la investigación doctoral del Dr. Carlos Silverio Huerta Jiménez. Este trabajo es el resultado de un riguroso proceso de investigación llevado a cabo entre los años 2018 y 2021, en el marco del Doctorado en Investigación e Innovación Educativa (SNP-SECIHTI) de la Benemérita Universidad Autónoma de Puebla. La tesis doctoral original, titulada "La internacionalización de universidades tecnológicas mexicanas: la movilidad estudiantil y su administración", sentó las bases conceptuales, teóricas y empíricas que han sido cuidadosamente adaptadas y expandidas para conformar la presente obra en dos libros.

El propósito fundamental de esta publicación es ofrecer al público académico, a los gestores universitarios, a los responsables de políticas públicas y a los estudiantes de posgrado, una visión profunda y multifacética sobre el fenómeno de la internacionalización en un subsistema crucial, aunque a menudo poco estudiado, de la educación superior en México: las Universidades Tecnológicas. A lo largo de la investigación, se hizo evidente que la riqueza y la complejidad de los hallazgos ameritaban una presentación en dos volúmenes diferenciados pero complementarios, permitiendo así una exploración más detallada de cada una de las dimensiones del estudio.

Este primer libro, que sirve como cimiento de la obra completa, se dedica a establecer el marco conceptual, teórico y contextual de la internacionalización en las Universidades Tecnológicas. Su objetivo es proveer al lector las herramientas analíticas necesarias para comprender por qué la internacionalización es un imperativo en el siglo XXI, cómo ha evolucionado su concepto y cuáles son las fuerzas globales, nacionales e institucionales que la configuran. A lo largo de sus diez capítulos, el lector encontrará un recorrido que parte de la globalización como fenómeno impulsor, para luego adentrarse en la conceptualización de la internacionalización, vinculándola con los principios de calidad e inclusión. Se exploran las políticas y programas que, desde organismos internacionales como la UNESCO y la OCDE, y desde el propio Estado mexicano, han moldeado el panorama de la internacionalización educativa. Finalmente, se presenta una radiografía del subsistema de Universidades Tecnológicas –su origen, misión y estructura– y se introduce el marco teórico de la teoría de sistemas como lente para analizar la complejidad de su dimensión internacional. En síntesis, este primer volumen responde a las preguntas fundamentales de qué es, por qué es importante y en qué contexto se desarrolla la internacionalización en las UTs.

El segundo libro, titulado "Movilidad Estudiantil en Universidades Tecnológicas Mexicanas: Gestión Estratégica y Propuestas para su Fortalecimiento", se adentra en el análisis empírico y propositivo de la manifestación más visible de la internacionalización en estas instituciones: la movilidad estudiantil internacional saliente. A partir de los estudios de caso realizados en las Universidades Tecnológicas de Tehuacán y Tlaxcala, este segundo libro examina en detalle la gestión práctica de la movilidad, analizando su valoración, su estructura, su funcionamiento y su financiamiento. Más allá del diagnóstico, este tomo tiene una vocación eminentemente propositiva, ofreciendo un conjunto de estrategias concretas y fundamentadas para el fortalecimiento de la movilidad estudiantil, enmarcándola siempre dentro de una visión de internacionalización más amplia, integral y sostenible. Este segundo volumen responde a las preguntas de cómo se gestiona y, fundamentalmente, cómo se puede mejorar la movilidad y la internacionalización en las Universidades Tecnológicas.

Se desea que la lectura de esta obra en dos libros contribuya de manera significativa al diálogo y a la reflexión sobre la importancia de la dimensión internacional en la educación superior tecnológica en México. Es la convicción del autor que una comprensión profunda de las realidades, los desafíos y las oportunidades que aquí se presentan puede inspirar acciones transformadoras que fortalezcan la calidad, la pertinencia y el impacto de nuestras Universidades Tecnológicas en un mundo cada vez más interconectado.

INTRODUCCIÓN

La internacionalización de la educación superior se ha erigido, en las últimas décadas, como un fenómeno de innegable trascendencia en el panorama educativo global. En un mundo crecientemente interconectado, caracterizado por la fluidez de información, la movilidad de personas y la interdependencia de las economías, las instituciones de educación superior (IES) se enfrentan al imperativo de reconfigurar sus misiones, funciones y estrategias para responder con pertinencia y calidad a las demandas de una sociedad del conocimiento en constante evolución. Este proceso, multifacético y dinámico, no se limita a una mera incorporación de actividades con componente extranjero, sino que implica una transformación profunda de la cultura institucional, los currículos, las prácticas pedagógicas y la vinculación con el entorno.

En el contexto mexicano, las Universidades Tecnológicas (UTs) representan un subsistema de educación superior con una vocación particular, orientada hacia la formación de profesionales técnicos altamente capacitados, con un fuerte énfasis en la pertinencia regional y la vinculación con los sectores productivos. Desde su creación en 1991, estas instituciones han desempeñado un papel crucial en la democratización del acceso a la educación superior y en el impulso al desarrollo local y regional. Sin embargo, el entorno globalizado actual les plantea nuevos desafíos y oportunidades, entre los cuales la internacionalización emerge como un eje estratégico fundamental para potenciar su calidad, relevancia e impacto. La capacidad de las UTs para integrar una dimensión internacional, intercultural y global en su quehacer cotidiano determinará, en gran medida, su habilidad para formar egresados competentes para un mercado laboral sin fronteras, para contribuir a la innovación y la competitividad de sus regiones, y para participar activamente en la construcción de una ciudadanía global.

No obstante, la implementación efectiva de estrategias de internacionalización en el subsistema de Universidades Tecnológicas Mexicanas no está exenta de complejidades y obstáculos. Se ha observado que, con frecuencia, el concepto de internacionalización tiende a reducirse, en la práctica institucional, a una de sus manifestaciones más visibles: la movilidad estudiantil internacional saliente (MEIS). Si bien la movilidad constituye un componente valioso y enriquecedor, su equiparación con la totalidad del proceso de internacionalización limita considerablemente el alcance y los beneficios potenciales de este último. Esta simplificación conceptual a menudo deriva en enfoques reactivos, focalizados en la gestión de programas de becas o convenios puntuales, en detrimento de una visión estratégica e integral que permee todas las funciones sustantivas de la universidad.

La presente obra, "Internacionalización en las Universidades Tecnológicas Mexicanas: Realidades, Desafíos y Marco Conceptual", se erige como el primer volumen de un estudio más amplio que busca analizar en profundidad la internacionalización y, de manera particular, la movilidad estudiantil en este crucial subsistema de la educación superior mexicana. El propósito fundamental de este libro es ofrecer un diagnóstico exhaustivo de las realidades que configuran la internacionalización en las UTs, comprender los desafíos contextuales que la condicionan y, fundamentalmente, establecer un marco conceptual y teórico robusto que permita abordar su estudio y gestión de una manera más informada y estratégica.

La necesidad de un diagnóstico preciso y de un marco referencial claro se torna evidente al constatar la heterogeneidad de enfoques y niveles de desarrollo de la internacionalización dentro del propio subsistema. Factores como la diversidad regional, las capacidades institucionales, la visión del liderazgo en turno y la disponibilidad de recursos, tanto internos como externos, configuran un panorama complejo que demanda un análisis riguroso y diferenciado. Asimismo, la influencia de políticas públicas a nivel federal y estatal, los cambios en el entorno económico y las dinámicas geopolíticas globales, inciden de manera directa en las posibilidades y orientaciones de la internacionalización en estas instituciones. Comprender estas interacciones y dependencias es crucial para diseñar estrategias pertinentes y sostenibles.

Este volumen se aboca, por tanto, a desentrañar las múltiples dimensiones que componen el fenómeno de la internacionalización en el contexto específico de las Universidades Tecnológicas. Se parte de la premisa de que una comprensión profunda de los conceptos, los contextos y los fundamentos teóricos es un prerrequisito indispensable para el diseño e implementación de prácticas efectivas que busquen no solo incrementar la movilidad estudiantil, sino, más importante aún, mejorar la calidad de la formación, la investigación y la vinculación para toda la comunidad universitaria.

En este orden de ideas, el libro se estructura en diez capítulos que buscan, de manera progresiva, construir un panorama integral del tema.

El primer capítulo, "La Globalización como Impulso a la Internacionalización Educativa", sienta las bases contextuales al analizar el fenómeno de la globalización y su profundo impacto en el sector de la educación superior. Se argumenta cómo la creciente interconexión mundial, la economía del conocimiento y la necesidad de formar ciudadanos globales han convertido a la internacionalización en un imperativo para las IES que aspiran a mantener su relevancia y competitividad. Se exploran las diversas manifestaciones de la globalización en el ámbito educativo, desde la movilidad de estudiantes y académicos hasta la transnacionalización de programas y la competencia por el talento.

Posteriormente, el capítulo dos, "Conceptualización de la Internacionalización en la Educación Superior", se adentra en la definición y evolución del concepto mismo de internacionalización. Se revisan las aportaciones de autores clave en el campo, distinguiendo entre las diversas acepciones y enfoques, tales como la internacionalización integral y la internacionalización en casa. Se busca superar la visión reduccionista que la equipara únicamente con la movilidad, para presentarla como un proceso intencional y transversal que busca infundir una perspectiva global en todas las dimensiones de la vida institucional.

Prosiguiendo con esta línea argumentativa, el tercer capítulo, "Hacia una Internacionalización Inclusiva y de Calidad", profundiza en dos aspectos cruciales que deben orientar cualquier esfuerzo de internacionalización. Por un lado, se postula la internacionalización no como un fin en sí misma, sino como un medio fundamental para la mejora continua de la calidad institucional en todas sus funciones: docencia, investigación, vinculación y gestión. Por otro lado, se subraya la necesidad de que este proceso sea genuinamente inclusivo, buscando que sus beneficios alcancen a toda la comunidad universitaria –estudiantes, docentes y personal administrativo– y no solo a una élite con acceso a programas de movilidad. Se exploran estrategias para democratizar la experiencia internacional y para integrar la dimensión global en el currículo y en la vida del campus.

Los capítulos cuatro y cinco se dedican a analizar el contexto político y programático que enmarca los esfuerzos de internacionalización. El capítulo cuatro, "Contexto y Políticas Internacionales que Inciden en la Internacionalización", examina el rol de organismos internacionales clave, como la UNESCO y la OCDE, en la promoción de la internacionalización de la educación superior. Se analizan las tendencias globales, las directrices y las recomendaciones emanadas de estos foros, que buscan orientar las políticas nacionales y las prácticas institucionales hacia una mayor cooperación y calidad en el ámbito educativo transnacional. El capítulo cinco, "Políticas y Programas Mexicanos para la Internacionalización de la Educación Superior", aterriza este análisis en el contexto nacional, revisando los planes de desarrollo, los programas sectoriales de educación y las iniciativas específicas que desde el gobierno federal y los gobiernos estatales se han implementado para fomentar la internacionalización y la movilidad en las IES mexicanas. Se identifican tanto los avances como los desafíos pendientes en la política pública mexicana en esta materia.

Una vez establecido el marco conceptual y contextual, los capítulos seis y siete centran su atención en el subsistema de Universidades Tecnológicas Mexicanas. El capítulo seis, "Las Universidades Tecnológicas Mexicanas: Origen, Organización y Misión", ofrece una panorámica de este subsistema. Se recorre su historia desde su creación, se analiza su estructura organizativa, el papel de la Dirección General de Universidades Tecnológicas y Politécnicas (DGUTyP), su modelo educativo basado en competencias, y la diversidad de su oferta académica. Este capítulo es fundamental para comprender las particularidades de las UTs y los desafíos específicos que enfrentan al abordar la internacionalización. El capítulo siete, "La Dimensión Internacional en las Universidades Tecnológicas: Un Primer Acercamiento", explora cómo se concibe y se gestiona la internacionalización desde la DGUTyP y en las UTs de manera general. Se analizan los programas de movilidad estudiantil más significativos que han operado en el subsistema, como MEXPROTEC, el programa Quebec y Proyecta 100,000, identificando sus alcances y limitaciones como instrumentos de internacionalización.

El capítulo ocho, "Fundamentos Teóricos para Analizar la Internacionalización en las UTs", introduce la perspectiva teórica que sustenta el análisis empírico desarrollado en la tesis doctoral original y que informa la presente obra. Se presenta la teoría de sistemas, con énfasis en la concepción de las organizaciones educativas como sistemas abiertos, dinámicos y sociales. Se argumenta cómo este marco teórico permite comprender las complejas interacciones entre las fuerzas internas (liderazgo, cultura institucional, recursos) y externas (políticas públicas, entorno socioeconómico, tendencias globales) que configuran y condicionan los procesos de internacionalización en las Universidades Tecnológicas.

Sobre la base de este andamiaje teórico, el capítulo nueve, "Diagnóstico de la Valoración de la Internacionalización y la Movilidad en las UTs", presenta un primer acercamiento a los hallazgos empíricos derivados del estudio de caso de dos universidades tecnológicas. Aunque el análisis detallado de los casos se reserva para el segundo volumen de esta obra, este capítulo adelanta una visión general sobre cómo se percibe y valora la internacionalización y la movilidad estudiantil dentro de estas instituciones. Se exploran los beneficios que la comunidad universitaria atribuye a estas actividades en los niveles estudiantil, institucional y comunitario, y se pone de manifiesto la persistente brecha entre el discurso oficial, que a menudo aboga por una internacionalización integral, y la práctica real, que tiende a concentrarse en la movilidad.

Finalmente, el décimo capítulo, "Modelos y Desafíos para la Evaluación de la Internacionalización en el Contexto de las UTs", retoma y profundiza el tema de la calidad y su evaluación en el ámbito de la internacionalización, abordado inicialmente en el capítulo tres. Se discuten diversos modelos y herramientas para la evaluación de los procesos y resultados de la internacionalización, como el IQRP (Internationalisation Quality Review Process), los indicadores propuestos por Gacel-Ávila, y el modelo de Deardorff y Van Gaalen. Se analiza la pertinencia y aplicabilidad de estos modelos para el contexto específico de las Universidades Tecnológicas, considerando sus características particulares y los desafíos que enfrentan para medir el impacto real de sus esfuerzos de internacionalización más allá de los indicadores cuantitativos de movilidad.

La importancia de este primer volumen reside en su capacidad para ofrecer una mirada integral y crítica sobre el estado actual de la internacionalización en las Universidades Tecnológicas Mexicanas. Al delinear las realidades institucionales, los desafíos contextuales y los marcos conceptuales pertinentes, se busca sentar una base sólida para la reflexión y la toma de decisiones informadas. Es pertinente acotar que esta obra no pretende ofrecer recetas o soluciones unívocas, sino más bien proveer herramientas de análisis y diagnóstico que permitan a cada institución, y al subsistema en su conjunto, construir su propio camino hacia una internacionalización más estratégica, integral e inclusiva.

La internacionalización, entendida en su acepción más amplia, no es una opción, sino una necesidad para las UTs que aspiran a cumplir con su misión de formar profesionales competentes y ciudadanos responsables en el siglo XXI. Este libro busca contribuir a que este proceso se aborde con la profundidad conceptual y el rigor analítico que su importancia amerita, superando los enfoques reactivos y fragmentados, y orientándose hacia una transformación institucional que beneficie a toda la comunidad educativa y a la sociedad en su conjunto. Se espera que las reflexiones y los análisis aquí presentados sirvan de insumo para que directivos, académicos, gestores y responsables de políticas públicas puedan diseñar e implementar estrategias de internacionalización que potencien el invaluable aporte de las Universidades Tecnológicas al desarrollo de México. La tarea es compleja, pero los beneficios potenciales, tanto para las instituciones como para el país, justifican con creces el esfuerzo. Este volumen es, pues, una invitación a emprender ese camino con una visión clara y un compromiso renovado.

CAPÍTULO 1: LA GLOBALIZACIÓN COMO IMPULSO A LA INTERNACIONALIZACIÓN EDUCATIVA

La contemporaneidad se define, en gran medida, por la intensificación de un fenómeno complejo y multidimensional que ha permeado virtualmente todas las esferas de la actividad humana: la globalización. Este proceso, caracterizado por una creciente interconexión e interdependencia a escala planetaria, ha trascendido las fronteras nacionales, reconfigurando las relaciones económicas, políticas, sociales y culturales, y planteando, en consecuencia, desafíos y oportunidades sin precedentes para las sociedades y sus instituciones. La educación superior, como subsistema social fundamental encargado de la generación, transmisión y aplicación del conocimiento, así como de la formación de capital humano avanzado, no ha permanecido ajena a estas transformaciones. Por el contrario, se ha visto profundamente impactada por las dinámicas globalizadoras, al tiempo que ha emergido como un actor crucial en la respuesta y adaptación a este nuevo escenario mundial. En este contexto, la internacionalización de la educación superior no surge como una tendencia aislada o una moda pasajera, sino como una respuesta estratégica e ineludible a las realidades impuestas por la globalización.

Comprender la internacionalización educativa en su justa dimensión requiere, por tanto, un análisis previo del fenómeno que le sirve de telón de fondo y principal catalizador. Aunque el término "globalización" es de uso extendido y frecuente en el discurso académico y público, su conceptualización no está exenta de debates y matices. Autores como Held, McGrew, Goldblatt y Perraton (1999) la describen como un proceso (o conjunto de procesos) que encarna una transformación en la organización espacial de las relaciones y transacciones sociales –evaluadas en términos de su extensión, intensidad, velocidad e impacto– generando flujos y redes transcontinentales o interregionales de actividad, interacción y ejercicio del poder. Esta definición subraya la naturaleza multifacética de la globalización, que no se limita a la esfera económica, sino que abarca dimensiones políticas, tecnológicas, culturales y ambientales.

Desde una perspectiva neutral, la globalización puede ser entendida, como lo proponen Knight y De Wit (1997, p. 6), como "el flujo de tecnología, economía, conocimiento, gente, valores e ideas a través de las fronteras". Esta concepción, si bien útil por su amplitud, requiere ser complementada por una visión que reconozca los efectos diferenciales y, en ocasiones, asimétricos de estos flujos. Altbach, Reisberg y Rumbley (2009, p. 7) definen la globalización como "la realidad que se conforma por una economía mundial integrada, nuevas tecnologías de información y comunicación, el rol del idioma inglés, y otras fuerzas más allá del control de las instituciones académicas". Esta perspectiva pone de manifiesto algunas de las fuerzas motrices y de los resultados concretos del proceso globalizador que inciden directamente en el quehacer de las IES.

Es innegable que la globalización ha sido impulsada, en gran medida, por avances tecnológicos sin precedentes, particularmente en el ámbito de la información y la comunicación (TIC). La revolución digital, la expansión de internet y la proliferación de dispositivos móviles han acortado drásticamente las distancias, facilitando la comunicación instantánea y el acceso a un volumen enorme de información a escala global. Esta conectividad ha transformado los modos de producción, las transacciones comerciales, las interacciones sociales y, por supuesto, los procesos de enseñanza y aprendizaje. Las IES, como centros de generación y diseminación del conocimiento, se encuentran en el epicentro de esta revolución tecnológica, enfrentando tanto la oportunidad de ampliar su alcance y diversificar sus ofertas, como el desafío de adaptar sus modelos pedagógicos y garantizar la calidad en entornos virtuales y transnacionales.

Paralelamente, la dimensión económica de la globalización ha ejercido una presión considerable sobre la educación superior. La liberalización de los mercados, la intensificación de la competencia internacional y la emergencia de una economía basada en el conocimiento han posicionado a la educación superior como un factor clave para la competitividad de las naciones y la empleabilidad de los individuos. En este contexto, las IES son vistas, cada vez más, como proveedoras de un servicio con valor económico, sujetas a las dinámicas de la oferta y la demanda, y a la necesidad de generar recursos propios ante la posible disminución del financiamiento público. Esta "mercantilización" de la educación, como señalan algunos críticos (Slaughter y Leslie, 1999), plantea interrogantes fundamentales sobre la misión social de la universidad, la equidad en el acceso y la preservación de la educación como un bien público.

No obstante, la relación entre globalización y educación superior no se reduce a una simple determinación económica o tecnológica. La globalización también implica una intensificación de los intercambios culturales, la movilidad de personas y la emergencia de identidades transnacionales. Los flujos migratorios, la diáspora de talentos, el turismo académico y la creciente exposición a diversas manifestaciones culturales a través de los medios de comunicación y las redes sociales, configuran un entorno cada vez más multicultural y diverso. Para las IES, esto representa tanto un desafío en términos de gestión de la diversidad en sus campus, como una oportunidad invaluable para enriquecer la experiencia formativa de sus estudiantes, fomentando la comprensión intercultural, la tolerancia y el desarrollo de competencias para la convivencia y el trabajo en contextos globales.

Es en este complejo entramado de fuerzas económicas, tecnológicas, políticas y culturales donde la internacionalización de la educación superior adquiere su pleno significado y relevancia. Lejos de ser un mero apéndice o una actividad cosmética, la internacionalización se presenta como una respuesta estratégica y proactiva de las IES al fenómeno de la globalización. Como lo define Uvalic-Trumbic (2004, p. 7), la globalización es un fenómeno que "repercute en la educación superior y la internacionalización se interpreta como una de las formas en que la educación superior reacciona a las posibilidades y desafíos de este fenómeno". En esta misma línea, Van der Wende (1996) y Altbach, Reisberg y

Rumbley (2009) la conciben como el conjunto de políticas y programas que las universidades y los gobiernos implementan para responder a las realidades y retos que la globalización genera.

Esta respuesta institucional a la globalización se manifiesta a través de una amplia gama de actividades y estrategias. Knight (1999) y De Wit (2002) identifican cuatro categorías principales de razones que impulsan a las IES a internacionalizarse: políticas, económicas, académicas, y culturales y sociales.

Las razones políticas se vinculan con la posición y el rol del país en el concierto internacional, incluyendo aspectos como la seguridad, la estabilidad, la paz y la diplomacia cultural. La cooperación educativa internacional puede ser vista como un instrumento de "poder blando" (soft power), que permite a las naciones proyectar su influencia, fortalecer sus lazos con otros países y promover sus valores e intereses en el escenario global. Para las IES, esto puede traducirse en la participación en redes internacionales, la firma de convenios con instituciones de otros países y la contribución a la formación de líderes y profesionales con una visión global.

Las razones económicas, por su parte, están estrechamente ligadas al papel de la educación superior en el desarrollo económico y la competitividad. La formación de capital humano altamente calificado, la atracción de talento internacional, la generación de innovación y la transferencia de tecnología son consideradas como factores clave para el crecimiento económico y la inserción exitosa de los países en la economía global del conocimiento. En este contexto, las IES pueden buscar internacionalizarse para mejorar la empleabilidad de sus egresados, atraer estudiantes internacionales que paguen colegiaturas, generar ingresos a través de la oferta de programas transnacionales o la comercialización de servicios educativos, y establecer alianzas con el sector productivo a nivel internacional.

Las razones académicas se centran en la mejora de la calidad de la enseñanza, el aprendizaje y la investigación. La internacionalización puede contribuir a elevar los estándares académicos, enriquecer los currículos con perspectivas globales, fomentar la colaboración científica internacional, y promover el desarrollo de competencias interculturales en estudiantes y docentes. Actividades como la movilidad estudiantil y académica, la cotutela de tesis, la participación en proyectos de investigación conjuntos, la internacionalización del currículo y la adopción de estándares internacionales de calidad son ejemplos de estrategias orientadas por motivaciones académicas.

Finalmente, las razones culturales y sociales giran en torno al rol de la educación superior en la promoción del entendimiento intercultural, la diversidad cultural y la cohesión social. En un mundo cada vez más diverso y, en ocasiones, conflictivo, la capacidad de comprender y valorar otras culturas, de comunicarse efectivamente en contextos multiculturales y de desarrollar una ciudadanía global responsable se torna fundamental. La internacionalización puede contribuir a estos propósitos a través de la enseñanza de idiomas extranjeros, la promoción de la diversidad cultural en el campus, el fomento del diálogo intercultural y la formación de estudiantes con una conciencia crítica y un compromiso ético con los desafíos globales.

Es importante destacar que estas razones no son mutuamente excluyentes, sino que a menudo se entrelazan y se refuerzan mutuamente en las estrategias de internacionalización de las IES. Una institución puede buscar, por ejemplo, atraer estudiantes internacionales tanto por razones económicas (generación de ingresos) como académicas (enriquecimiento de la diversidad en el aula y mejora de la calidad) y culturales (promoción del entendimiento intercultural). La preponderancia de una u otra razón dependerá, en gran medida, del contexto específico de cada institución, su misión, su visión y sus prioridades estratégicas.

Knight (2005) identifica cinco elementos clave de la globalización que impactan directamente en la educación superior y, por ende, en su internacionalización. El primero es la emergencia de la sociedad del conocimiento, donde el conocimiento se convierte en el principal generador de riqueza. Esto impulsa la creación de instituciones y consorcios transnacionales, la creciente movilidad física y virtual, y la necesidad de una educación y profesionalización continua. El segundo es el desarrollo de las tecnologías de la información y la comunicación (TIC), que facilitan la oferta de programas transfronterizos a distancia y la colaboración internacional en investigación. El tercero es el aumento e influencia de las economías de mercado, que puede llevar a una comercialización de la educación que desatienda las necesidades locales y las culturas regionales. El cuarto son los convenios comerciales regionales e internacionales, que facilitan la exportación de la educación, aunque a veces con una motivación puramente comercial. Finalmente, el quinto elemento son las nuevas estructuras y sistemas de buen gobierno regional e internacional, orientados al aseguramiento de la calidad, la acreditación, la transferencia de créditos y el reconocimiento de estudios.

Ante este panorama, la internacionalización de la educación superior no puede ser concebida como un proceso lineal o uniforme. Cada institución, cada sistema educativo y cada país la implementa de manera diferenciada, en función de su contexto, sus capacidades y sus prioridades. Como se ha mencionado, la internacionalización es una respuesta, y como tal, está intrínsecamente ligada a las percepciones y valoraciones que se tengan sobre los efectos de la globalización.

Para algunas instituciones y sistemas, la globalización puede ser vista primordialmente como una fuente de oportunidades: acceso a nuevos mercados, posibilidad de atraer talento internacional, oportunidades de colaboración científica, acceso a financiamiento externo, etc. En estos casos, las estrategias de internacionalización tenderán a ser más proactivas, expansivas y, en ocasiones, con un fuerte componente comercial. Se buscará posicionar a la institución en el mercado global de la educación, competir por estudiantes y recursos, y exportar programas y servicios educativos.

Para otras instituciones, en cambio, la globalización puede ser percibida principalmente como una fuente de desafíos y amenazas: aumento de la competencia, riesgo de pérdida de identidad cultural, fuga de cerebros, presiones por la estandarización curricular, mercantilización de la educación, etc. En estos casos, las estrategias de internacionalización podrán tener un carácter más defensivo o adaptativo, buscando proteger los valores institucionales, fortalecer la identidad local, y mitigar los posibles efectos negativos de la globalización.

Es crucial reconocer que ambas perspectivas no son necesariamente excluyentes y que, en la práctica, la mayoría de las IES desarrollan estrategias que combinan elementos de oportunidad y de respuesta a desafíos. Lo fundamental es que estas estrategias se basen en un análisis riguroso del contexto, una clara definición de los propósitos institucionales y una visión de largo plazo que trascienda las coyunturas inmediatas.

En este sentido, la internacionalización de la educación superior no debe ser entendida como un fin en sí misma, sino como un medio para alcanzar los objetivos fundamentales de la universidad: la formación de profesionales competentes y ciudadanos críticos, la generación y difusión de conocimiento relevante, y la contribución al desarrollo social, cultural y económico de sus comunidades. Vista desde esta perspectiva, la internacionalización se convierte en un eje transversal que debe permear todas las funciones sustantivas de la institución, desde la docencia y la investigación hasta la vinculación y la gestión.

La tarea de las IES, y en particular de las Universidades Tecnológicas Mexicanas, frente al impulso globalizador es, por tanto, doble. Por un lado, deben preparar a sus estudiantes para desenvolverse con éxito en un mundo globalizado, dotándolos de las competencias, los conocimientos y las actitudes necesarias para comprender y actuar en contextos internacionales e interculturales. Esto implica no solo la enseñanza de idiomas extranjeros o la promoción de la movilidad estudiantil, sino también la internacionalización del currículo, la incorporación de perspectivas globales en todas las disciplinas, y el fomento de experiencias de aprendizaje que promuevan la comprensión intercultural y la ciudadanía global.

Por otro lado, las IES tienen la responsabilidad de analizar críticamente los efectos de la globalización y de contribuir, desde su quehacer académico y su vinculación con el entorno, a la construcción de un orden global más justo, equitativo y sostenible. Esto implica cuestionar los modelos hegemónicos de desarrollo, valorar y proteger la diversidad cultural, promover el diálogo intercultural, y generar conocimiento que contribuya a la solución de los grandes problemas globales, como la pobreza, la desigualdad, el cambio climático y los conflictos interculturales. La internacionalización, en este sentido, no es solo una adaptación a las demandas del mercado, sino también un compromiso ético y social con la construcción de un futuro mejor.

Para las Universidades Tecnológicas Mexicanas, este doble desafío adquiere características particulares. Dada su vocación eminentemente práctica y su estrecha vinculación con los sectores productivos regionales, las UTs tienen un potencial enorme para contribuir a la inserción competitiva de sus regiones en la economía global, formando egresados con las competencias que demanda el mercado laboral internacional y generando innovación que impulse la productividad y la competitividad de las empresas locales. Al mismo tiempo, su arraigo en contextos locales y regionales, a menudo caracterizados por la diversidad cultural y, en ocasiones, por la marginación y la desigualdad, les confiere una responsabilidad particular en la promoción de un desarrollo inclusivo y sostenible, y en la valoración y protección de la diversidad cultural.

La internacionalización, para estas instituciones, no puede ser una simple imitación de modelos desarrollados en otros contextos, ni una respuesta reactiva a las presiones del entorno. Debe ser, por el contrario, un proceso endógeno, reflexivo y estratégico, que parta de un profundo conocimiento de sus propias fortalezas y debilidades, de las necesidades y oportunidades de su entorno, y de una clara definición de su misión y visión institucional. Implica, necesariamente, un compromiso de toda la comunidad universitaria, desde el liderazgo directivo hasta los docentes, los estudiantes y el personal administrativo.

Este capítulo ha buscado establecer el marco general dentro del cual se inserta la internacionalización de la educación superior, identificando a la globalización como su principal fuerza impulsora. Se ha argumentado que la globalización es un fenómeno complejo, multidimensional y, en ocasiones, contradictorio, que plantea tanto oportunidades como desafíos para las IES. La internacionalización, en este contexto, emerge como una respuesta estratégica que las instituciones deben construir de manera intencional y adaptada a sus particularidades. Los siguientes capítulos de esta obra profundizarán en la conceptualización de la internacionalización, analizarán el contexto político y programático que la enmarca, y explorarán sus manifestaciones y desafíos en el subsistema de Universidades Tecnológicas Mexicanas, sentando así las bases para un diagnóstico informado y la formulación de propuestas pertinentes. La comprensión de esta dinámica global es, sin duda, el primer paso para que las UTs puedan navegar con éxito en las turbulentas aguas de la educación superior del siglo XXI y para que puedan convertir la internacionalización en una palanca efectiva para el cumplimiento de su trascendente misión social.

CAPÍTULO 2: CONCEPTUALIZACIÓN DE LA INTERNACIONALIZACIÓN EN LA EDUCACIÓN SUPERIOR

Habiendo establecido en el capítulo precedente el rol preponderante de la globalización como fuerza motriz que impulsa a las instituciones de educación superior (IES) hacia una mayor interconexión e interdependencia, resulta imperativo adentrarse ahora en la conceptualización específica del fenómeno que constituye el núcleo de la presente obra: la internacionalización de la educación superior. Si bien ambos términos, globalización e internacionalización, se encuentran intrínsecamente ligados y a menudo se utilizan de manera intercambiable en el discurso cotidiano, es crucial distinguirlos con precisión para un análisis riguroso de sus implicaciones en el ámbito educativo. La globalización, como se ha discutido, refiere a un conjunto de procesos que operan a escala planetaria, trascendiendo en gran medida el control de las naciones o las instituciones individuales. La internacionalización, en contraste, puede ser entendida como la respuesta intencional y estratégica que las IES, los sistemas educativos y los gobiernos diseñan e implementan para navegar, adaptarse y, en la medida de lo posible, influir en este entorno globalizado.

La tarea de definir la internacionalización de la educación superior no es sencilla, dada la diversidad de enfoques, motivaciones y manifestaciones que este proceso ha adoptado a lo largo del tiempo y en diferentes contextos geográficos e institucionales. No obstante, un repaso por la literatura especializada permite identificar una evolución conceptual significativa, que ha transitado desde nociones más limitadas y centradas en actividades específicas, hacia concepciones más holísticas, integrales y estratégicas.

En sus etapas iniciales, la internacionalización de la educación superior se asociaba predominantemente con actividades de cooperación internacional y movilidad académica. La firma de convenios entre universidades de diferentes países, el intercambio de estudiantes y profesores, la participación en programas de investigación conjuntos y la asistencia a congresos internacionales eran consideradas las manifestaciones primordiales de la dimensión internacional de una IES. Este enfoque, si bien valioso por fomentar el contacto y la colaboración transfronteriza, a menudo se caracterizaba por su carácter reactivo, fragmentado y, en ocasiones, elitista, beneficiando a un número reducido de miembros de la comunidad universitaria.

Fue Jane Knight quien, a principios de la década de 1990, comenzó a sentar las bases para una conceptualización más sistemática e integral de la internacionalización. En su influyente trabajo, Knight (1994, p. 3) propuso una definición que ha servido como punto de partida para gran parte del debate académico posterior: "la internacionalización es el proceso de integrar una dimensión internacional e intercultural en la docencia, investigación y servicios de una institución". Esta definición, centrada en el nivel institucional, marcó un hito al subrayar la necesidad de que la dimensión internacional no fuera una actividad aislada, sino que permeara las funciones sustantivas de la universidad.

Diez años más tarde, reconociendo la necesidad de una definición que pudiera aplicarse no solo a instituciones individuales sino también a sistemas educativos y a la educación superior en general, Knight (2004) refinó su propuesta, planteando que la internacionalización es "el proceso de integrar una dimensión internacional, intercultural o global en el propósito, las funciones y la oferta (delivery) de la educación postsecundaria". Esta versión actualizada amplió el alcance del concepto, incorporando explícitamente la dimensión "global" –que va más allá de las interacciones binacionales o multinacionales para abarcar una perspectiva planetaria– y enfatizando la intencionalidad del proceso ("propósito") y su concreción en la "oferta" educativa. En Latinoamérica, esta definición fue ampliamente difundida y adoptada, como lo evidencia su traducción y análisis en la obra co-coordinada por Knight (2005, p. 13) "Educación superior en América Latina: la dimensión internacional".

La fortaleza de las definiciones de Knight reside en su capacidad para trascender la mera descripción de actividades aisladas y presentar la internacionalización como un proceso intencional, dinámico y transformador. Al enfatizar la integración de una dimensión internacional, intercultural y global, se subraya la necesidad de que esta perspectiva no sea un añadido superficial, sino que se incorpore de manera transversal en el propósito (misión, visión, valores), las funciones (docencia, investigación, vinculación, gestión) y la oferta (programas, currículos, servicios) de la educación superior. Esta visión procesual e integradora ha sido fundamental para mover el debate desde un enfoque centrado en la movilidad hacia una comprensión más holística del fenómeno.

No obstante, la evolución conceptual no se detuvo allí. A medida que la internacionalización ganaba relevancia en la agenda de las IES y los sistemas educativos, surgieron nuevas perspectivas y matices que buscaron enriquecer y, en ocasiones, problematizar las definiciones existentes. Una de las contribuciones más significativas en este sentido ha sido la de John Hudzik (2011), quien acuñó el término internacionalización integral (Comprehensive Internationalization). Para Hudzik, la internacionalización integral es:

> Un compromiso, confirmado a través de la acción, para infundir perspectivas internacionales y comparativas a través de la enseñanza, la investigación y las misiones de servicio de la educación superior. Le da forma al ethos y a los valores institucionales y afecta la entidad de la educación superior en su totalidad. Es esencial que sea aceptada por el liderazgo institucional, la gobernanza, el cuerpo de profesores, los estudiantes y todas las unidades de servicio y apoyo académico. Es un imperativo institucional y no una mera posibilidad deseable. La internacionalización integral no solo afecta toda la vida del campus sino los marcos de referencia externos, las asociaciones y las relaciones de la institución (Hudzik, 2011, p. 1).

Esta concepción radicaliza la idea de integración propuesta por Knight, planteando la internacionalización como un compromiso institucional profundo que debe permear toda la vida del campus y transformar su ethos y sus valores fundamentales. La internacionalización integral no se limita a programas o actividades específicas, sino que busca crear un ambiente institucional donde la perspectiva global sea omnipresente y donde todos los miembros de la comunidad universitaria –estudiantes, docentes, personal administrativo y directivos– se involucren activamente en el proceso. Este enfoque subraya la necesidad de un liderazgo institucional fuerte y comprometido, así como de una cultura organizacional que valore y promueva la dimensión internacional.

Otra vertiente importante en la conceptualización de la internacionalización ha sido la distinción entre internacionalización en el extranjero (internationalization abroad) e internacionalización en casa (internationalization at home). La primera categoría engloba las actividades más tradicionales, como la movilidad estudiantil y académica, los programas de estudio en el extranjero, las pasantías internacionales y la participación en proyectos de investigación transnacionales. La segunda, en cambio, se refiere al conjunto de estrategias y actividades diseñadas para desarrollar la conciencia global y las competencias interculturales de aquellos estudiantes y miembros del personal que no participan en programas de movilidad. La internacionalización en casa busca, por tanto, "traer el mundo al campus", integrando perspectivas internacionales e interculturales en el currículo, fomentando la interacción entre estudiantes locales e internacionales, promoviendo el aprendizaje de idiomas extranjeros, y utilizando las TIC para facilitar la colaboración virtual con instituciones y expertos de otros países (Beelen y Jones, 2015; Leask, 2015).

Esta distinción es crucial, ya que reconoce que la movilidad internacional, por diversas razones (costos, barreras lingüísticas, compromisos personales, etc.), solo alcanza a un porcentaje relativamente pequeño de la población estudiantil. La internacionalización en casa, por tanto, emerge como una estrategia fundamental para democratizar los beneficios de la internacionalización y garantizar que todos los estudiantes, independientemente de su participación en programas de movilidad, tengan la oportunidad de desarrollar una perspectiva global y competencias interculturales. Ambas dimensiones, "en el extranjero" y "en casa", no deben ser vistas como excluyentes, sino como complementarias y sinérgicas, contribuyendo conjuntamente a la creación de un ambiente institucional genuinamente internacionalizado.

En el contexto latinoamericano, investigadoras como Jocelyn Gacel-Ávila han realizado aportes significativos a la conceptualización de la internacionalización. Gacel-Ávila (2006, p. 61) propone dos definiciones complementarias. A nivel institucional, la define como:

> Un proceso de cambio y renovación institucional que busca incorporar una dimensión internacional e intercultural en la cultura, misión, visión, y transversalmente en todas las estrategias de desarrollo para el fortalecimiento institucional, el mejoramiento de la calidad y la pertinencia del perfil de egresados, de los programas docentes, de los productos de investigación y de extensión.

Esta definición resalta el carácter transformador de la internacionalización y su vínculo directo con la mejora de la calidad y la pertinencia institucional. Desde una perspectiva formativa, Gacel-Ávila (2006, p. 61) la concibe como:

> Un proceso educativo que integra en las funciones sustantivas universitarias una dimensión global, internacional, intercultural, comparada e interdisciplinaria, que pretende fomentar en los estudiantes una perspectiva global de las problemáticas humanas y una conciencia global en pro de los valores y las actitudes de una ciudadanía global responsable, humanista y solidaria.

Esta segunda definición pone el acento en el impacto de la internacionalización en la formación integral de los estudiantes, preparándolos no solo para un mercado laboral globalizado, sino también para ejercer una ciudadanía activa, crítica y comprometida con los desafíos globales.

Más recientemente, De Wit, Hunter, Howard y Egron-Polak (2015, p. 29), en un estudio patrocinado por el Parlamento Europeo, propusieron una definición que busca actualizar y refinar la concepción de Knight, enfatizando la intencionalidad del proceso y su contribución a la sociedad:

> El proceso intencional de integrar una dimensión internacional, intercultural o global en el propósito, las funciones, y el ofrecimiento de la educación postsecundaria, para mejorar la calidad de la educación y la investigación para todos los estudiantes y el personal, y hacer una contribución significativa a la sociedad.

Esta definición subraya tres elementos clave: la intencionalidad del proceso, que implica una planificación estratégica y un compromiso institucional; su orientación hacia la mejora de la calidad de la educación y la investigación para todos los miembros de la comunidad universitaria, y no solo para una élite; y su finalidad última de realizar una contribución significativa a la sociedad, trascendiendo los meros beneficios institucionales o individuales. Esta perspectiva resuena con la creciente preocupación por la responsabilidad social de las universidades y la necesidad de que la internacionalización no se convierta en un factor de exclusión o desigualdad, sino en un motor de desarrollo equitativo y sostenible.

En esta misma línea de una internacionalización con un fuerte componente ético y social, autores como Luciane Stallivieri y Cleverson Tabajara Vianna (2020) en Brasil, han abogado por una internacionalización responsable. Sostienen que es necesario ir más allá de las prácticas tradicionales y asumir un liderazgo que promueva la transparencia, la rendición de cuentas, la equidad en las relaciones internacionales (particularmente en las colaboraciones Sur-Norte y Sur-Sur), la sostenibilidad de las iniciativas, y la inclusión de todos los actores en el proceso. La internacionalización responsable busca, en última instancia, que las IES contribuyan activamente a la construcción de un futuro global más justo y sostenible.

A la par de estos desarrollos conceptuales, es importante considerar también el término cooperación internacional, que a menudo se utiliza como sinónimo de internacionalización, especialmente en contextos donde la tradición de vinculación transfronteriza es más antigua. Jesús Sebastián (2007, p. 20) define la cooperación internacional en educación superior como:

> El conjunto de actividades realizadas entre o por instituciones de educación superior que a través de múltiples modalidades implican una asociación y colaboración en los ámbitos de la política y gestión institucional, la formación, la investigación, la extensión y la vinculación con los objetivos del fortalecimiento y la proyección institucional, la mejora de la calidad de la docencia, el aumento y la transferencia del conocimiento científico y tecnológico, y la contribución a la cooperación para el desarrollo.

Si bien esta definición comparte elementos con las de internacionalización (colaboración, mejora de la calidad, proyección institucional), su énfasis principal radica en las relaciones entre instituciones y en la contribución al desarrollo. Históricamente, el término "cooperación internacional" precedió al de "internacionalización", y aunque hoy en día este último ha ganado mayor preponderancia en el discurso académico, la cooperación sigue siendo un componente fundamental de muchas estrategias de internacionalización, particularmente en lo referente a la investigación y la vinculación con el entorno.

Finalmente, es necesario abordar la noción de internacionalización comercial, una vertiente que ha ganado terreno en el contexto de la globalización económica y la creciente competencia en el mercado de la educación superior. Desde esta perspectiva, la internacionalización se concibe como una estrategia para generar ingresos, atraer estudiantes internacionales que paguen colegiaturas completas, exportar programas educativos, establecer campus en el extranjero, y participar en el mercado global de credenciales y servicios educativos. Si bien la generación de recursos puede ser un objetivo legítimo y necesario para la sostenibilidad de las IES, una internacionalización exclusivamente comercial plantea serios riesgos, como la priorización de criterios económicos sobre los académicos, la posible disminución de la calidad, la exclusión de estudiantes de bajos recursos, y la desatención de las necesidades locales y regionales (Uvalic-Trumbic, 2004). La Asociación Internacional de Universidades (IAU), en sus encuestas globales, ha alertado consistentemente sobre el riesgo de que la educación sea tratada como una mera mercancía (commodity), lo que podría afectar a las naciones más débiles y exacerbar las desigualdades existentes (Egron-Polak y Hudson, 2014).

De este recorrido por las diversas conceptualizaciones de la internacionalización de la educación superior, se desprenden varias ideas fundamentales que son cruciales para el análisis que se desarrollará en los capítulos subsiguientes, particularmente en el contexto de las Universidades Tecnológicas Mexicanas:

1. Proceso intencional y estratégico: La internacionalización no es un resultado espontáneo de la globalización, sino un proceso que requiere una planificación deliberada, un compromiso institu-

cional y una visión de largo plazo. No se trata de una colección de actividades aisladas, sino de una estrategia integral que busca transformar la institución en su conjunto.

2. Integración transversal: La dimensión internacional, intercultural y global debe permear todas las funciones sustantivas de la universidad (docencia, investigación, vinculación, gestión) y todos los niveles de la organización (institucional, facultades, programas, individuos).
3. Mejora de la calidad y pertinencia: Un objetivo central de la internacionalización debe ser la mejora continua de la calidad de la educación y la investigación, así como la pertinencia de la oferta educativa para responder a las necesidades de los estudiantes, los empleadores y la sociedad en un contexto globalizado.
4. Inclusión y equidad: La internacionalización no debe ser un privilegio de unos pocos, sino un proceso que beneficie a toda la comunidad universitaria. Esto implica desarrollar estrategias de internacionalización en casa que complementen y democraticen las oportunidades de movilidad internacional, y garantizar que los beneficios de la internacionalización se distribuyan de manera equitativa.
5. Contribución a la sociedad: Más allá de los beneficios institucionales o individuales, la internacionalización debe aspirar a realizar una contribución significativa a la sociedad, promoviendo el entendimiento intercultural, la cooperación internacional, la solución de problemas globales y la construcción de un futuro más justo y sostenible.
6. Diversidad de enfoques y manifestaciones: No existe un modelo único de internacionalización. Cada institución debe desarrollar su propia estrategia, adaptada a su contexto, su misión, sus capacidades y sus prioridades. Esto implica una reflexión crítica sobre las diversas manifestaciones de la internacionalización (movilidad, internacionalización del currículo, investigación colaborativa, cooperación para el desarrollo, etc.) y una selección informada de aquellas que resulten más pertinentes y efectivas.

7. Desafío conceptual y práctico: La conceptualización de la internacionalización sigue siendo un campo en evolución, con debates abiertos sobre sus alcances, sus límites y sus implicaciones éticas y sociales. En la práctica, su implementación enfrenta numerosos desafíos, desde la obtención de recursos hasta la superación de barreras culturales y la gestión de la complejidad inherente a la colaboración transnacional.

Para las Universidades Tecnológicas Mexicanas, adoptar una concepción amplia, estratégica e integral de la internacionalización representa una oportunidad invaluable para fortalecer su calidad académica, ampliar su impacto social y preparar a sus egresados para un futuro cada vez más globalizado. Sin embargo, esto requiere superar la visión reduccionista que a menudo la limita a la movilidad estudiantil y asumir el desafío de transformar la cultura institucional, los currículos y las prácticas pedagógicas para infundir una perspectiva global en todo el quehacer universitario. Los capítulos siguientes de esta obra buscarán explorar cómo se manifiesta este desafío en el contexto específico de las UTs, identificando tanto los avances como las áreas de oportunidad para una internacionalización más efectiva y significativa. La claridad conceptual es, en este sentido, el primer paso hacia una práctica transformadora.

CAPÍTULO 3: HACIA UNA INTERNACIONALIZACIÓN INCLUSIVA Y DE CALIDAD

En los capítulos precedentes se ha establecido el marco contextual de la globalización como un fenómeno que impulsa ineludiblemente a las instituciones de educación superior (IES) hacia la internacionalización, y se ha profundizado en la evolución conceptual de este último término, transitando desde nociones fragmentadas hacia visiones más integrales y estratégicas. No obstante, una comprensión cabal de la internacionalización educativa en el siglo XXI exige ir más allá de la mera descripción de sus manifestaciones o de la enumeración de sus motivaciones. Es imperativo situar este proceso en el corazón mismo de la misión universitaria, vinculándolo de manera explícita con dos imperativos fundamentales que deben guiar el quehacer de toda IES que aspire a la excelencia y la pertinencia: la calidad y la inclusión.

La internacionalización, lejos de ser un objetivo aislado o un indicador de prestigio per se, debe ser concebida y gestionada como un poderoso medio para el aseguramiento y la mejora continua de la calidad institucional en todas sus dimensiones. Al mismo tiempo, este proceso debe diseñarse e implementarse de tal manera que sus beneficios se extiendan a toda la comunidad universitaria, evitando la creación o profundización de brechas y desigualdades, y contribuyendo activamente a la construcción de un entorno educativo genuinamente inclusivo. Estos dos pilares, calidad e inclusión, no solo otorgan legitimidad y trascendencia a los esfuerzos de internacionalización, sino que también los convierten en una palanca estratégica para la transformación institucional y el cumplimiento de la responsabilidad social de la universidad.

LA INTERNACIONALIZACIÓN COMO ESTRATEGIA PARA LA MEJORA DE LA CALIDAD INSTITUCIONAL

La noción de calidad en la educación superior es, en sí misma, un constructo complejo y multidimensional, cuya definición ha evolucionado a la par de las transformaciones sociales y las demandas del entorno. Tradicionalmente asociada con conceptos de excelencia, selectividad o cumplimiento de estándares preestablecidos, la calidad ha sido objeto de intensos debates y de múltiples enfoques evaluativos. Woodhouse (1999) señala que, si bien la calidad puede implicar elementos de excelencia o desempeño relevante, una definición más operativa y pertinente para la diversidad de IES es aquella que la vincula con "la pertinencia para alcanzar un propósito". Desde esta perspectiva, la calidad de una institución se demuestra en el grado en que logra cumplir eficazmente con su misión y sus objetivos particulares, definidos en función de su contexto y de las necesidades de las comunidades a las que sirve.

Esta concepción de la calidad como "adecuación al propósito" (fitness for purpose) resulta particularmente relevante al considerar la internacionalización. En lugar de imponer un modelo único de "universidad internacionalizada de calidad", este enfoque permite que cada IES defina su propia estrategia de internacionalización en coherencia con su misión, su visión y sus objetivos estratégicos, y que la calidad de dicha estrategia sea evaluada en función de su capacidad para contribuir al logro de esos propósitos. Así, la internacionalización no se convierte en un fin en sí misma, sino en un medio estratégico para potenciar la calidad en áreas clave como la formación de los estudiantes, la investigación, la vinculación con el entorno y la gestión institucional.

Knight y De Wit (1997) identifican tres perspectivas fundamentales desde las cuales la internacionalización se vincula con la mejora de la calidad. La primera se refiere a la inclusión de la dimensión internacional como un componente clave de los sistemas de evaluación de la calidad académica, tanto a nivel institucional como del sistema educativo en su conjunto. Esta perspectiva parte de la premisa de que, en un mundo globalizado, una educación superior de calidad debe necesariamente incorporar una perspectiva internacional, intercultural y global. Por tanto, los procesos de autoevaluación y acreditación institucional deberían considerar explícitamente el grado en que la IES ha integrado esta dimensión en su misión, sus funciones y su oferta educativa.

La segunda perspectiva se orienta hacia la calidad de las políticas, los procedimientos y los programas específicos de internacionalización. No basta con tener actividades internacionales; es crucial que estas actividades se diseñen, implementen y evalúen con criterios de calidad rigurosos. Esto implica, por ejemplo, garantizar la calidad académica de los programas de movilidad estudiantil, asegurar la pertinencia y el impacto de la investigación colaborativa internacional, promover la calidad de los programas de enseñanza de idiomas extranjeros, y asegurar la eficacia y eficiencia de los servicios de apoyo a estudiantes y académicos internacionales. La evaluación de la calidad en esta perspectiva se enfoca en los procesos y resultados de las actividades de internacionalización en sí mismas.

La tercera perspectiva tiene que ver con la internacionalización de los procesos de aseguramiento de la calidad. En un contexto de creciente movilidad estudiantil y académica, y de transnacionalización de la educación superior, los sistemas nacionales de aseguramiento de la calidad enfrentan el desafío de evaluar programas e instituciones que operan más allá de sus fronteras. La internacionalización de los procesos de acreditación, a través de la adopción de estándares internacionales, la participación en redes de agencias de calidad y la promoción del reconocimiento mutuo de acreditaciones, puede contribuir a facilitar la movilidad, garantizar la transparencia y promover la confianza en la calidad de la educación superior a nivel global.

Desde estas tres perspectivas, es evidente que la internacionalización y la calidad son dos conceptos intrínsecamente ligados y mutuamente reforzantes. Una estrategia de internacionalización bien diseñada y gestionada puede contribuir de manera significativa a mejorar la calidad de la formación, al exponer a los estudiantes a diferentes enfoques pedagógicos, perspectivas culturales y realidades globales, y al desarrollar en ellos competencias interculturales, pensamiento crítico y capacidad de adaptación. Puede potenciar la calidad de la investigación, al fomentar la colaboración con investigadores de otros países, facilitar el acceso a redes científicas internacionales y promover la generación de conocimiento con relevancia global. Puede mejorar la calidad de la vinculación, al permitir a la IES conectarse con actores internacionales, participar en proyectos de desarrollo transnacionales y transferir conocimiento y tecnología a escala global. Y puede, finalmente, contribuir a la calidad de la gestión institucional, al promover la adopción de estándares internacionales, la mejora de los procesos administrativos y el desarrollo de una cultura organizacional más abierta, flexible y orientada al aprendizaje continuo.

Para que la internacionalización cumpla efectivamente con este rol de catalizador de la calidad, es fundamental que se aborde desde una perspectiva estratégica e integral. Esto implica, en primer lugar, que la dimensión internacional esté claramente articulada en la misión y la visión de la institución, y que se traduzca en objetivos y metas concretas en el plan de desarrollo institucional. En segundo lugar, requiere un liderazgo institucional fuerte y comprometido, capaz de movilizar los recursos necesarios y de generar una cultura organizacional que valore y promueva la internacionalización. En tercer lugar, demanda la participación activa y coordinada de todos los actores universitarios –directivos, académicos, estudiantes y personal administrativo– en el diseño, implementación y evaluación de las estrategias de internacionalización. Y en cuarto lugar, exige la implementación de mecanismos rigurosos de seguimiento y evaluación que permitan medir el impacto real de la internacionalización en la calidad institucional y retroalimentar el proceso de toma de decisiones.

HACIA UNA INTERNACIONALIZACIÓN GENUINAMENTE INCLUSIVA

Si la vinculación entre internacionalización y calidad es un imperativo para la relevancia y competitividad de las IES, la dimensión de la inclusión emerge como un imperativo ético y social que debe orientar este proceso. En un mundo caracterizado por profundas desigualdades, tanto a nivel global como al interior de las naciones, la internacionalización de la educación superior no puede permitirse el lujo de convertirse en un factor adicional de exclusión o marginación. Por el contrario, debe aspirar a ser un motor de equidad, diversidad y justicia social, garantizando que sus beneficios alcancen a todos los miembros de la comunidad universitaria y contribuyendo a la construcción de sociedades más inclusivas y cohesionadas.

La preocupación por la posible inequidad en el acceso a los procesos de internacionalización no es nueva. Como se ha señalado, la movilidad estudiantil internacional, una de las manifestaciones más visibles de la internacionalización, ha estado tradicionalmente asociada con costos económicos significativos, barreras lingüísticas y otros obstáculos que limitan su acceso a un porcentaje relativamente pequeño de la población estudiantil, a menudo perteneciente a los sectores socioeconómicos más favorecidos. Esta realidad ha llevado a cuestionar si la internacionalización, en su vertiente de movilidad, no está contribuyendo a reproducir o incluso a exacerbar las desigualdades existentes en el acceso a una educación superior de calidad con perspectiva global.

La Cuarta Encuesta Global sobre Internacionalización de la Educación Superior, realizada por la Asociación Internacional de Universidades (Egron-Polak y Hudson, 2014), reveló que el principal riesgo percibido por las IES consultadas a nivel mundial era, precisamente, que la internacionalización solo estuviera disponible para los estudiantes con recursos financieros propios. En la región de América Latina y el Caribe, esta preocupación también ocupó un lugar preponderante (Gacel-Ávila y Rodríguez-Rodríguez, 2018). Estos datos confirman la existencia de una tensión palpable entre el discurso que aboga por una internacionalización para todos y la realidad de muchas prácticas institucionales que, de facto, la convierten en un privilegio de unos pocos.

Ante este desafío, emerge con fuerza la necesidad de promover una internacionalización inclusiva, entendida como un enfoque que busca garantizar que todos los estudiantes y miembros del personal, independientemente de su origen socioeconómico, su condición étnica, su género, sus capacidades o su participación en programas de movilidad, tengan la oportunidad de desarrollar competencias globales e interculturales y de beneficiarse de la dimensión internacional de la universidad. De Wit y Jones (2018) proponen varios principios para una internacionalización inclusiva, entre los que destacan:

- Incorporar la internacionalización en casa como esencial para todos: Esto implica, como se mencionó anteriormente, desarrollar estrategias para integrar perspectivas internacionales e interculturales en el currículo, promover la interacción entre estudiantes locales e internacionales en el campus, fomentar el aprendizaje de idiomas y utilizar las TIC para la colaboración virtual. El objetivo es que todos los estudiantes, incluso aquellos que no viajan al extranjero, tengan una experiencia educativa internacionalizada.
- Reconocer, valorar y utilizar la diversidad cultural en las aulas: Las IES, particularmente en contextos multiculturales, cuentan con un valioso capital de diversidad entre sus propios estudiantes y personal. La internacionalización inclusiva busca aprovechar esta diversidad como un recurso para el aprendizaje intercultural, promoviendo el diálogo, el respeto y la valoración de las diferentes perspectivas culturales presentes en la comunidad universitaria.
- Involucrar a toda la institución en la internacionalización inclusiva: La internacionalización no puede ser responsabilidad exclusiva de una oficina o departamento. Requiere el compromiso y la participación de todos los actores institucionales, desde el liderazgo directivo hasta los docentes, el personal de apoyo y los propios estudiantes. Esto implica crear una cultura organizacional que valore la diversidad y promueva la colaboración intercultural.
- Colaborar en la investigación local y global, educación y servicio: La internacionalización inclusiva también se manifiesta en la forma en que la IES se vincula con su entorno local y global. Esto implica desarrollar proyectos de investigación y programas de vinculación que aborden

problemas relevantes tanto a nivel local como global, y que promuevan la colaboración con actores de diversos contextos culturales.

- Mantener un balance entre las relaciones regionales y las relaciones globales: Si bien la perspectiva global es fundamental, la internacionalización inclusiva también reconoce la importancia de las relaciones con el entorno regional inmediato. Se busca un equilibrio que permita a la IES ser un actor relevante tanto en su contexto local y regional como en el escenario global.

La implementación de una internacionalización inclusiva requiere, por tanto, un cambio de paradigma. Implica pasar de un enfoque centrado en la movilidad de una élite a un enfoque que busque transformar la experiencia educativa de todos los estudiantes. Implica reconocer que la internacionalización no es solo "ir al extranjero", sino también "traer el mundo al campus" y "conectar el campus con el mundo". Implica, fundamentalmente, un compromiso ético con la equidad, la diversidad y la justicia social.

Para las Universidades Tecnológicas Mexicanas, el desafío de la inclusión en la internacionalización adquiere una relevancia particular. Estas instituciones, por su misión y por el perfil socioeconómico de gran parte de sus estudiantes, tienen una oportunidad única para demostrar que la internacionalización puede ser un motor de movilidad social y de desarrollo equitativo. Sin embargo, esto requiere superar las barreras económicas, lingüísticas y culturales que a menudo limitan el acceso de sus estudiantes a las oportunidades internacionales, y desarrollar estrategias creativas y pertinentes de internacionalización en casa.

Algunas estrategias concretas que las UTs podrían implementar para promover una internacionalización más inclusiva incluyen:

- Internacionalización del currículo: Integrar sistemáticamente perspectivas internacionales, interculturales y globales en los planes y programas de estudio de todas las carreras, no solo de aquellas tradicionalmente asociadas con lo internacional (como negocios o turismo). Esto puede implicar la revisión de los contenidos, la incorporación de estudios de caso internacionales, el uso de bibliografía de diversos contextos culturales, y el desarrollo de metodologías pedagógicas que fomenten el pensamiento crítico y la comprensión intercultural.

- Aprendizaje colaborativo internacional en línea (COIL): Utilizar las TIC para conectar a estudiantes y profesores de las UTs con sus pares de instituciones extranjeras, permitiéndoles trabajar conjuntamente en proyectos académicos, debatir sobre temas de interés común y desarrollar competencias interculturales sin necesidad de movilidad física. Esta modalidad ha demostrado ser una herramienta poderosa para la internacionalización en casa.
- Fomento del multilingüismo: Promover el aprendizaje no solo del inglés, sino también de otros idiomas relevantes para el contexto regional y global, y valorar la diversidad lingüística presente en el campus como un recurso para el aprendizaje intercultural.
- Vinculación con comunidades locales con diversidad cultural: Establecer programas de vinculación y servicio social que permitan a los estudiantes interactuar y aprender de las diversas comunidades culturales presentes en sus regiones (pueblos originarios, comunidades migrantes, etc.), fomentando así la comprensión intercultural y la valoración de la diversidad local.
- Creación de espacios de encuentro intercultural en el campus: Organizar actividades extracurriculares (festivales culturales, semanas internacionales, clubes de conversación, etc.) que promuevan la interacción y el diálogo entre estudiantes locales e internacionales, y que celebren la diversidad cultural presente en la institución.
- Desarrollo profesional docente en internacionalización: Capacitar a los profesores en estrategias pedagógicas para la internacionalización del currículo, el fomento de la comprensión intercultural en el aula y el uso de herramientas de colaboración virtual.

Estos dos pilares, calidad e inclusión, deben ser los faros que guíen el camino de las Universidades Tecnológicas Mexicanas hacia una internacionalización más robusta, pertinente y transformadora. No se trata de una tarea sencilla ni exenta de desafíos, pero los beneficios potenciales para los estudiantes, las instituciones y la sociedad en su conjunto son inmensos. Al concebir la internacionalización como un medio para mejorar la calidad y promover la inclusión, las UTs podrán no solo responder de manera más efectiva a las demandas de un mundo globalizado, sino también reafirmar su compromiso con la formación de profesionales competentes, ciudadanos críticos y agentes de cambio social. El reto es convertir la retórica de la "internacionalización para todos" en una realidad tangible y transformadora en cada uno de sus campus. Los siguientes capítulos explorarán cómo se manifiestan estos desafíos y oportunidades en el contexto específico de la gobernanza, las políticas y los programas que enmarcan la internacionalización en el subsistema de UTs.

CAPÍTULO 4: CONTEXTO Y POLÍTICAS INTERNACIONALES QUE INCIDEN EN LA INTERNACIONALIZACIÓN

La internacionalización de la educación superior, como proceso intrínsecamente vinculado a las dinámicas globales y a las interacciones transfronterizas, no se desarrolla en un vacío. Por el contrario, se encuentra profundamente influenciada y, en cierta medida, moldeada por un complejo entramado de actores, políticas y tendencias que operan a nivel internacional y regional. Comprender este contexto supranacional es fundamental para que las instituciones de educación superior (IES), y en particular las Universidades Tecnológicas (UTs) mexicanas, puedan diseñar e implementar estrategias de internacionalización pertinentes, efectivas y alineadas con las prioridades globales y las oportunidades emergentes. Este capítulo se aboca, por tanto, a analizar el rol de los principales organismos internacionales y las políticas emanadas de estos foros que inciden directamente en la concepción, promoción y regulación de la internacionalización educativa a escala mundial.

Si bien existen numerosos actores y plataformas que participan en el diálogo y la cooperación internacional en materia de educación superior, dos organizaciones destacan por su influencia y su capacidad para establecer agendas y promover directrices que impactan a sistemas educativos en todo el orbe: la Organización de las Naciones Unidas para la Educación, la Ciencia y la Cultura (UNESCO) y la Organización para la Cooperación y el Desarrollo Económicos (OCDE). Ambas entidades, aunque con mandatos y enfoques distintos, han desempeñado un papel crucial en la conceptualización de la internacionalización, en la promoción de la cooperación académica transfronteriza y en el establecimiento de marcos para el aseguramiento de la calidad y el reconocimiento de estudios a nivel internacional.

LA UNESCO Y SU ROL EN LA PROMOCIÓN DE LA COOPERACIÓN EDUCATIVA INTERNACIONAL

La UNESCO, desde su fundación en 1945, ha tenido como uno de sus pilares fundamentales la promoción de la paz y la seguridad a través de la cooperación internacional en los campos de la educación, la ciencia y la cultura. En el ámbito de la educación superior, esta organización ha sido un actor clave en la defensa de la educación como un derecho humano fundamental y un bien público, así como en la promoción de la diversidad cultural, el diálogo intercultural y la solidaridad internacional. Su enfoque en la internacionalización se ha caracterizado por una visión humanista y de desarrollo, buscando que la cooperación académica transfronteriza contribuya no solo al avance del conocimiento y la mejora de la calidad educativa, sino también a la reducción de las desigualdades, el fortalecimiento de las capacidades en los países en desarrollo y la construcción de un orden mundial más justo y equitativo.

A lo largo de su historia, la UNESCO ha convocado a numerosas conferencias mundiales sobre educación superior que han marcado hitos en la definición de agendas y prioridades para la internacionalización. Ya en la Conferencia Mundial sobre Educación Superior de 1998, celebrada en París bajo el lema "Visión y Acción", se reconoció explícitamente que "la cooperación y el intercambio internacionales son mecanismos decisivos para promover la educación superior en todo el mundo" (UNESCO, 1998). En la Declaración Mundial emanada de esta conferencia, se instó a las IES y a los gobiernos a fomentar la movilidad de estudiantes y académicos, a promover el reconocimiento de estudios y diplomas, a fortalecer las redes de investigación y a desarrollar programas conjuntos, todo ello bajo los principios de solidaridad, respeto mutuo y beneficio compartido.

Un documento previo, pero igualmente influyente, fue "Política para el cambio y el desarrollo de la educación superior" (UNESCO, 1995). En este texto, la UNESCO ya planteaba la internacionalización como uno de los tres criterios prioritarios para la transformación de la educación superior, junto con la pertinencia y la calidad. Se subrayaba que la internacionalización obedece, en primer lugar, al "carácter universal del aprendizaje y la investigación" y se ve fortalecida por los procesos de integración económica y política, así como por la "creciente necesidad de entendimiento intercultural". De manera visionaria, este documento ya alertaba sobre la necesidad de que la cooperación internacional se basara en la solidaridad y buscara reducir los desequilibrios existentes entre países desarrollados y en desarrollo, facilitando el acceso al conocimiento y su transferencia. Esta perspectiva, que pone el acento en la equidad y la cooperación para el desarrollo, ha sido una constante en el enfoque de la UNESCO sobre la internacionalización.

En la Conferencia Mundial sobre Educación Superior de 2009, titulada "La nueva dinámica de la educación superior y la investigación para el cambio social y el desarrollo", la UNESCO reafirmó la importancia de la internacionalización, la regionalización y la mundialización, haciendo un llamado a que la cooperación internacional se base en la solidaridad, el respeto, el humanismo y el diálogo intercultural. Se reconoció el potencial de la educación transfronteriza para apoyar el desarrollo, siempre y cuando se garantice su calidad y se evite la proliferación de "fábricas de diplomas". Se instó también a promover las cooperaciones Norte-Sur y Sur-Sur, y a avanzar en la convalidación regional de estudios para facilitar la movilidad y la integración académica (UNESCO, 2009).

Más recientemente, la Agenda 2030 para el Desarrollo Sostenible, adoptada por las Naciones Unidas en 2015, ha conferido un nuevo impulso y una orientación renovada a la internacionalización de la educación superior. El Objetivo de Desarrollo Sostenible número 4 (ODS 4), que busca "garantizar una educación inclusiva, equitativa y de calidad y promover oportunidades de aprendizaje durante toda la vida para todos", incluye metas específicas que tienen una incidencia directa en la internacionalización. La meta 4.7, por ejemplo, insta a asegurar que todos los alumnos adquieran los conocimientos teóricos y prácticos necesarios para promover el desarrollo sostenible, incluyendo la educación para la ciudadanía mundial y la valoración de la diversidad cultural. La meta 4.b llama a aumentar sustancialmente a nivel mundial el número de becas disponibles para los países en desarrollo, a fin de que sus estudiantes puedan matricularse en programas de educación superior en países desarrollados y otros países en desarrollo. Y la meta 4.c busca aumentar la oferta de maestros calificados mediante la cooperación internacional para la formación de docentes (UNESCO, 2016).

Estos marcos y declaraciones de la UNESCO han tenido un impacto significativo en la forma en que los gobiernos y las IES de todo el mundo conciben y abordan la internacionalización. Han contribuido a legitimar la cooperación académica transfronteriza como un componente esencial de la educación superior de calidad, a promover una visión de la internacionalización que va más allá de los meros intereses económicos o institucionales, y a establecer principios éticos y normativos para guiar este proceso. Para las Universidades Tecnológicas Mexicanas, el enfoque de la UNESCO ofrece un marco valioso para orientar sus estrategias de internacionalización hacia la mejora de la calidad, la promoción de la inclusión, el fomento del diálogo intercultural y la contribución al desarrollo sostenible de sus regiones.

LA OCDE Y SU ENFOQUE EN LA INTERNACIONALIZACIÓN PARA LA COMPETITIVIDAD Y LA SOCIEDAD DEL CONOCIMIENTO

La Organización para la Cooperación y el Desarrollo Económicos (OCDE), por su parte, ha abordado la internacionalización de la educación superior desde una perspectiva predominantemente económica y orientada hacia la mejora de la competitividad y la inserción de los países miembros en la sociedad global del conocimiento. Si bien la OCDE reconoce la importancia de los aspectos académicos y culturales de la internacionalización, su análisis y sus recomendaciones tienden a enfatizar los beneficios económicos, tanto para los individuos (mejora de la empleabilidad, mayores ingresos) como para las naciones (atracción de talento, fomento de la innovación, fortalecimiento del capital humano).

Un documento clave de la OCDE en esta materia es "Educación terciaria para la sociedad del conocimiento" (OCDE, 2008). En su apartado sobre internacionalización, este informe destaca que, en las últimas dos décadas, la educación terciaria y las habilidades interculturales han cobrado una importancia creciente en un contexto de globalización económica y de creciente demanda de credenciales con componente internacional. Se argumenta que la internacionalización contribuye a la eficiencia de los sistemas de educación superior en términos de investigación, capacidad de innovación y producción de conocimiento. Los intercambios académicos, por ejemplo, permiten una circulación más ágil de los resultados de investigación y generan una mayor fuerza en los campos científicos. Asimismo, la internacionalización contribuye al multiculturalismo y al desarrollo de la sensibilidad intercultural, tanto para quienes participan en programas de movilidad como para quienes se benefician de la presencia de estudiantes internacionales en el campus o de contenidos internacionales en los planes de estudio.

La OCDE (2008) ofrece una serie de recomendaciones para el desarrollo de políticas y actividades de internacionalización, agrupadas en cuatro ejes:

1. Estrategia integral de política pública para la internacionalización: Se insta a los países a desarrollar una estrategia nacional y un marco para políticas integrales de internacionalización, adaptadas a sus características y prioridades particulares. Se recomienda mejorar la coordinación entre las políticas educativas y otras políticas nacionales, motivar a las IES a ser más proactivas, promover estrategias sostenibles y crear estructuras de apoyo para facilitar la movilidad y el reclutamiento.

2. Competitividad internacional atractiva de los sistemas de educación superior: Se sugiere diseñar estructuras para promover el sistema nacional de educación superior a nivel internacional, participar en procesos regionales de facilitación de la movilidad, desarrollar alternativas a los rankings mundiales que consideren la diversidad de misiones institucionales, mejorar la información para potenciales estudiantes internacionales y promover la creación de centros de excelencia.

3. Dimensión interna de la internacionalización: Se recomienda desarrollar una internacionalización del campus que integre la

dimensión internacional e intercultural en el currículo y desarrolle habilidades en idiomas extranjeros para los estudiantes locales, así como incentivar la movilidad de estudiantes y personal.

4. Optimización de la estrategia de internacionalización: Se aconseja informar a los creadores de políticas sobre los beneficios de la internacionalización con base en evidencia empírica, aprovechar la complementariedad de los sistemas de educación superior a nivel nacional y regional, y manejar el impacto de la migración (fuga de cerebros, diáspora).

Es evidente que el enfoque de la OCDE, si bien complementario al de la UNESCO en algunos aspectos (como la importancia de la calidad y la movilidad), pone un mayor énfasis en la dimensión económica y competitiva de la internacionalización. Sus recomendaciones están orientadas a que los países y las IES puedan posicionarse mejor en el mercado global de la educación y el conocimiento, y a que puedan aprovechar los beneficios económicos asociados con la atracción de talento, la innovación y la formación de capital humano con perfil internacional.

Para las Universidades Tecnológicas Mexicanas, las perspectivas y recomendaciones de la OCDE pueden ser de gran utilidad para diseñar estrategias de internacionalización que fortalezcan su vinculación con el sector productivo, mejoren la empleabilidad de sus egresados y contribuyan a la competitividad de sus regiones. Sin embargo, es crucial que este enfoque se equilibre con la visión más humanista y socialmente comprometida de la UNESCO, evitando que la internacionalización se reduzca a una mera estrategia de mercado o a un instrumento para la competencia global.

OTRAS INICIATIVAS Y TENDENCIAS INTERNACIONALES RELEVANTES

Además de la UNESCO y la OCDE, existen otras organizaciones, redes y tendencias a nivel internacional y regional que influyen en el panorama de la internacionalización de la educación superior. Entre ellas, destacan las asociaciones de universidades y de profesionales de la internacionalización, los procesos de integración regional, y los debates emergentes sobre temas como la internacionalización del currículo, la movilidad virtual y la responsabilidad social de la internacionalización.

Asociaciones como la Asociación Internacional de Universidades (IAU, por sus siglas en inglés) y la Asociación Europea para la Educación Internacional (EAIE), o la Asociación de Educadores Internacionales (NAFSA) en Estados Unidos, desempeñan un papel importante en la promoción del diálogo, el intercambio de buenas prácticas, la investigación y el desarrollo profesional en el campo de la internacionalización. Sus conferencias, publicaciones y programas de capacitación contribuyen a la difusión de conocimiento y al fortalecimiento de las capacidades institucionales para la gestión de la internacionalización.

Los procesos de integración regional, como el Proceso de Bolonia en Europa o las iniciativas de movilidad en el marco de la Alianza del Pacífico o el MERCOSUR en América Latina, también tienen un impacto significativo en la internacionalización. Estos procesos buscan armonizar los sistemas de educación superior, facilitar el reconocimiento de estudios y créditos, promover la movilidad de estudiantes y académicos, y fortalecer la cooperación científica y tecnológica a nivel regional. Si bien estos procesos pueden generar oportunidades para la internacionalización, también plantean desafíos en términos de soberanía nacional, diversidad cultural y equidad en el acceso.

En los últimos años, han emergido con fuerza nuevos debates y enfoques en el campo de la internacionalización. La internacionalización del currículo, por ejemplo, ha ganado una atención creciente como estrategia fundamental para la internacionalización en casa, buscando que todos los estudiantes, independientemente de su participación en programas de movilidad, desarrollen competencias globales e interculturales a través de la integración de perspectivas internacionales en sus planes de estudio (Leask, 2015). La movilidad virtual, impulsada por los avances en las TIC y acelerada por la pandemia de COVID-19, se presenta como una alternativa o complemento a la movilidad física, ofreciendo oportunidades de colaboración internacional y aprendizaje intercultural a un costo menor y con mayor flexibilidad. Y la discusión sobre la responsabilidad social de la internacionalización ha llevado a cuestionar los posibles efectos negativos de este proceso (como la mercantilización, la exclusión o la homogeneización cultural) y a promover enfoques más éticos, equitativos y sostenibles.

Para las Universidades Tecnológicas Mexicanas, estar al tanto de estas tendencias y debates es fundamental para diseñar estrategias de internacionalización que sean innovadoras, pertinentes y alineadas con las mejores prácticas a nivel global. Implica no solo considerar los modelos o las políticas emanadas de los organismos internacionales, sino también desarrollar una capacidad de análisis crítico y de adaptación creativa que les permita construir su propio camino hacia una internacionalización que responda a sus particularidades y contribuya de manera efectiva al cumplimiento de su misión.

IMPLICACIONES PARA LAS UNIVERSIDADES TECNOLÓGICAS MEXICANAS

El contexto y las políticas internacionales aquí analizadas ofrecen un marco de referencia complejo y, en ocasiones, contradictorio para la internacionalización de las Universidades Tecnológicas Mexicanas. Por un lado, existe un consenso global sobre la importancia de la internacionalización para la calidad, la pertinencia y la competitividad de la educación superior. Organismos como la UNESCO y la OCDE, a pesar de sus diferentes enfoques, coinciden en la necesidad de que las IES integren una dimensión internacional en sus funciones sustantivas y promuevan la cooperación académica transfronteriza.

Por otro lado, las tendencias globales también plantean desafíos significativos. La creciente competencia en el mercado de la educación, las presiones por la mercantilización, los riesgos de exclusión y homogeneización cultural, y las tensiones geopolíticas emergentes configuran un entorno incierto y complejo que exige a las IES una capacidad de adaptación y una visión estratégica de largo plazo.

Para las UTs mexicanas, esto implica la necesidad de desarrollar un enfoque de internacionalización que sea, al mismo tiempo, ambicioso y realista, globalmente informado y localmente pertinente. Ambicioso, en el sentido de aspirar a una internacionalización integral, que permee todas las funciones institucionales y beneficie a toda la comunidad universitaria. Realista, en el sentido de reconocer las limitaciones de recursos y capacidades, y de priorizar aquellas estrategias que resulten más efectivas y sostenibles en su contexto particular. Globalmente informado, en el sentido de estar al tanto de las tendencias, los debates y las buenas prácticas a nivel internacional, y de aprender de las experiencias de otras instituciones y sistemas educativos. Y localmente pertinente, en el sentido de que la internacionalización no sea un fin en sí misma, sino un medio para cumplir con la misión de la universidad y para contribuir al desarrollo de sus regiones.

La adopción de los marcos propuestos por la UNESCO, con su énfasis en la educación como bien público, la solidaridad internacional y el desarrollo sostenible, puede ofrecer a las UTs una brújula ética y social para orientar sus esfuerzos de internacionalización. Al mismo tiempo, las recomendaciones de la OCDE, con su enfoque en la competitividad, la innovación y la vinculación con el mercado laboral, pueden proveer herramientas valiosas para diseñar estrategias que mejoren la empleabilidad de los egresados y fortalezcan la contribución de las UTs al desarrollo económico.

En última instancia, la tarea de las Universidades Tecnológicas será la de sintetizar estas diversas perspectivas y construir un modelo propio de internacionalización que responda a su identidad, su misión y las necesidades de su entorno. Este modelo deberá ser, necesariamente, inclusivo y de calidad, buscando que los beneficios de la internacionalización se extiendan a todos y contribuyan a la excelencia académica y la pertinencia social. Los capítulos siguientes de esta obra se adentrarán en el análisis de cómo este desafío se manifiesta en la realidad concreta del subsistema de UTs, explorando sus políticas, sus programas y las percepciones de sus actores, con el fin de identificar tanto los avances logrados como las áreas de oportunidad para una internacionalización más robusta y transformadora. La comprensión del contexto internacional es, sin duda, un insumo esencial para esta tarea.

CAPÍTULO 5: POLÍTICAS Y PROGRAMAS MEXICANOS PARA LA INTERNACIONALIZACIÓN DE LA EDUCACIÓN SUPERIOR

Tras haber explorado en el capítulo anterior el contexto y las directrices emanadas de organismos internacionales como la UNESCO y la OCDE, que configuran el panorama global de la internacionalización de la educación superior, resulta indispensable dirigir la mirada hacia el ámbito nacional. La forma en que un país concibe, promueve y regula la internacionalización de sus instituciones de educación superior (IES) está intrínsecamente ligada a su proyecto de nación, a sus prioridades de desarrollo, a sus capacidades institucionales y a su inserción en el concierto global. En el caso de México, un país con una rica tradición educativa, una posición geopolítica estratégica y una creciente interconexión con el mundo, la internacionalización de la educación superior ha emergido, de manera paulatina pero constante, como un tema relevante en la agenda de política pública.

Este capítulo se aboca a analizar las políticas y los programas que, desde el Estado mexicano y diversos actores del sistema de educación superior, han buscado impulsar la internacionalización y, de manera particular, la movilidad académica. Se examinarán los principales instrumentos de planeación nacional, los programas sectoriales de educación y las iniciativas específicas que han tenido un impacto en la dimensión internacional de las IES mexicanas, con especial atención a aquellos que han influido o podrían influir en el subsistema de Universidades Tecnológicas (UTs). Este análisis permitirá identificar tanto los avances logrados como los desafíos persistentes en la construcción de una política de internacionalización coherente, estratégica y sostenible para la educación superior en México.

MARCO NORMATIVO Y DE PLANEACIÓN NACIONAL: LA INTERNACIONALIZACIÓN EN LOS PLANES DE DESARROLLO

En México, la orientación general de las políticas públicas se establece, en gran medida, a través de los Planes Nacionales de Desarrollo (PND), documentos sexenales que delinean las prioridades y estrategias del gobierno en turno para los diversos ámbitos de la vida nacional. La educación, y dentro de ella la educación superior, ocupa un lugar central en estos instrumentos de planeación, reconociéndose su papel fundamental en el desarrollo económico, social y cultural del país. La internacionalización, aunque no siempre de manera explícita o con la misma preponderancia, ha estado presente en los PND de las últimas décadas, reflejando una creciente conciencia sobre la importancia de la inserción de México en el contexto global.

Un ejemplo significativo se encuentra en el Plan Nacional de Desarrollo 2013-2018. Este PND estableció cinco metas nacionales, entre las cuales "México con Educación de Calidad" y "México con Responsabilidad Global" contenían líneas de acción directamente relacionadas con la internacionalización. En la meta de educación de calidad, se planteó el objetivo de "desarrollar el potencial humano de los mexicanos con educación de calidad", y entre sus estrategias se incluyó la de "garantizar que los planes y programas de estudio sean pertinentes en un mundo globalizado". Específicamente, se instruyó a "impulsar programas de posgrado en conjunto con instituciones extranjeras de educación superior en áreas prioritarias para el país" y a "crear un programa de estadías de estudiantes y profesores en instituciones extranjeras de educación superior" (DOF, 2013).

Por su parte, la meta "México con Responsabilidad Global" enfatizó la necesidad de "impulsar una vigorosa política de cooperación internacional que contribuya tanto al desarrollo y estabilidad de México como a los de otros países". En este marco, se instó a las IES a colaborar con la Agencia Mexicana de Cooperación Internacional para el Desarrollo (AMEXCID), a ejecutar programas financiados por el Fondo de Cooperación Internacional para el Desarrollo, y a ampliar la oferta de becas como parte integral de la política de cooperación internacional. Estas directrices del PND 2013-2018 sentaron un marco favorable para la promoción de la internacionalización y la movilidad académica, aunque su implementación efectiva dependió, en gran medida, de la asignación de recursos y de la coordinación entre las diversas instancias gubernamentales y las IES.

En contraste, el Plan Nacional de Desarrollo 2019-2024, si bien mantuvo un compromiso con la calidad educativa y el desarrollo nacional, presenta un enfoque distinto en lo referente a la internacionalización. Aunque no se negó la importancia de la cooperación internacional, el énfasis principal se colocó en el fortalecimiento del sistema educativo nacional, la atención a las desigualdades internas y la recuperación de la rectoría del Estado en materia educativa. La internacionalización y la movilidad académica no figuraban como ejes estratégicos explícitos en el PND 2019-2024, lo que podría interpretarse como un cambio de prioridades o una reorientación de la política pública en este ámbito (DOF, 2019).

No obstante, es en los Programas Sectoriales de Educación (PSE) donde se suelen detallar de manera más específica las estrategias y líneas de acción para el sector educativo. El Programa Sectorial de Educación 2013-2018, derivado del PND anterior, incluyó objetivos y estrategias concretas para la internacionalización de la educación superior. Entre ellos, destacaban: "Apoyar nuevos modelos de cooperación académica para la internacionalización de la educación superior" y "Promover que más egresados cuenten con capacidades suficientes para ser admitidos en los mejores programas de posgrado de México y el mundo" (SEP, 2013). Estas directrices buscaban fomentar la movilidad estudiantil y académica, la creación de programas conjuntos, la participación en redes internacionales y el fortalecimiento de las capacidades institucionales para la internacionalización.

Por su parte, el Programa Sectorial de Educación 2020-2024, si bien más escueto en sus referencias explícitas a la internacionalización, no la soslayaba por completo. Entre sus estrategias, se mencionaba la de "Impulsar acciones de cooperación e intercambio científico, tecnológico, académico, estudiantil y cultural, en los ámbitos nacional e internacional" y la de "Incentivar la cooperación internacional para el intercambio de docentes como una herramienta para fortalecer las prácticas pedagógicas y los lazos de amistad entre los pueblos" (SEP, 2020). Aunque estas formulaciones eran más generales y menos detalladas que las del PSE anterior, indican una continuidad en el reconocimiento de la importancia de la cooperación y el intercambio internacional, alineándose también con los compromisos de la Agenda 2030 de la ONU. Al momento de la escritura de esta obra material (principios del año 2025) no se ha publicado el PND 2025-2030 con su correspondiente Plan Sectorial de Educación.

Este breve repaso por los instrumentos de planeación nacional evidencia que la internacionalización de la educación superior ha sido un tema presente, aunque con diferentes niveles de énfasis y concreción, en la agenda de política pública mexicana. Se observa una tensión entre los enfoques que priorizan la inserción competitiva de México en el escenario global y aquellos que ponen mayor acento en la atención a los desafíos internos y en la cooperación solidaria. Esta tensión se refleja, como se verá más adelante, en la diversidad y, en ocasiones, en la fragmentación de los programas y las iniciativas específicas para la internacionalización.

PROGRAMAS E INICIATIVAS FEDERALES PARA LA MOVILIDAD Y LA COOPERACIÓN INTERNACIONAL

Más allá de los marcos de planeación general, el Estado mexicano ha implementado, a lo largo de los años, diversos programas e iniciativas específicas para fomentar la movilidad académica y la cooperación internacional en educación superior. Estos programas, gestionados por diferentes instancias gubernamentales como la Secretaría de Educación Pública (SEP), el Consejo Nacional de Ciencia y Tecnología (CONACYT) y la Secretaría de Relaciones Exteriores (SRE) a través de la Agencia Mexicana de Cooperación Internacional para el Desarrollo (AMEXCID), han constituido una fuente importante de financiamiento y apoyo para las IES y sus comunidades.

Uno de los instrumentos más relevantes para la movilidad estudiantil y académica ha sido el Programa de Becas de Posgrado del CONACYT. Si bien su objetivo principal es la formación de capital humano de alto nivel para el desarrollo científico y tecnológico del país, este programa ha incluido tradicionalmente modalidades de becas para estudios de posgrado en el extranjero, así como para estancias posdoctorales y sabáticas. Estas becas han permitido a miles de estudiantes y académicos mexicanos acceder a programas de formación e investigación en instituciones de prestigio a nivel mundial, contribuyendo así a la internacionalización de la ciencia y la tecnología mexicanas. Sin embargo, la disponibilidad y las condiciones de estas becas han variado a lo largo del tiempo, en función de las prioridades presupuestales y de las políticas de ciencia y tecnología de cada administración.

En el ámbito de la movilidad estudiantil de licenciatura y técnico superior universitario, han destacado programas específicos de becas concursables, a menudo vinculados con acuerdos bilaterales o regionales. Entre ellos, los que han tenido un impacto particular en el subsistema de Universidades Tecnológicas son:

- MEXPROTEC (México Profesional Tecnología): Este programa, resultado de un convenio de cooperación entre México y Francia firmado en 2008, ha permitido a estudiantes graduados de Técnico Superior Universitario de las UTs realizar una estancia académica de un año en Institutos Universitarios de Tecnología (IUT) en Francia para obtener una Licencia Profesional con validez internacional. Las becas, otorgadas por la SEP a través de la Coordinación Nacional de Becas para el Bienestar Benito Juárez (CNBBBJ) en conjunto con la DGUTyP, cubren transporte, manutención, seguro médico y colegiatura. Este programa ha sido fundamental para la internacionalización de las UTs, al ofrecer una oportunidad concreta de movilidad y formación en un contexto internacional a un segmento de estudiantes que, por su perfil socioeconómico, difícilmente podría acceder a ella por otros medios.
- Programa Quebec: Similar al MEXPROTEC, este programa, resultado de la colaboración con la Delegación General de Quebec en México, ha permitido a estudiantes de las UTs realizar estancias

de seis meses en los Centros de Enseñanza General y Profesional (CEGEP) de Quebec. Las becas, también gestionadas por la SEP, cubren gastos similares a los del programa con Francia. Esta iniciativa ha fortalecido los lazos con Canadá y ha diversificado los destinos de movilidad para los estudiantes de las UTs.

- Proyecta 100,000: Anunciado en 2013 como parte del Foro Bilateral sobre Educación Superior, Innovación e Investigación (FOBESI) entre México y Estados Unidos, este programa tenía como meta ambiciosa promover la movilidad de 100,000 estudiantes mexicanos a Estados Unidos y atraer a 50,000 estudiantes estadounidenses a México para el año 2018. Aunque el programa se enfocó principalmente en la movilidad de corta duración para el aprendizaje del inglés y la inmersión cultural, representó un esfuerzo significativo por intensificar el intercambio académico con el principal socio comercial de México. Las becas, gestionadas por diversas instancias (SEP, SRE, AMEXCID), permitieron a estudiantes de IES públicas, incluyendo las UTs, realizar estancias en instituciones estadounidenses. Sin embargo, el programa fue cancelado por la administración federal 2019-2024, lo que ha tenido un impacto directo en las oportunidades de movilidad hacia Estados Unidos para muchos estudiantes.

Además de estos programas de becas, la AMEXCID desempeña un rol crucial en la gestión de la cooperación internacional para el desarrollo, que incluye componentes de cooperación educativa. A través de la oferta de becas para extranjeros que deseen estudiar en México y para mexicanos que busquen oportunidades en el exterior, así como mediante la promoción de proyectos de cooperación técnica y científica, la AMEXCID contribuye a la internacionalización de las IES mexicanas y al fortalecimiento de los lazos de México con otros países.

Es importante señalar que la disponibilidad y el enfoque de estos programas federales han estado sujetos a los cambios de administración y a las fluctuaciones presupuestales. La cancelación de Proyecta 100,000, por ejemplo, representó una disminución significativa de las oportunidades de movilidad hacia Estados Unidos. Asimismo, los recortes presupuestales en ciencia y tecnología pueden afectar la disponibilidad de becas de posgrado en el extranjero. Esta dependencia de fondos públicos y la falta de una política de Estado de largo plazo para la internacionalización de la educación superior representan un desafío constante para las IES que buscan desarrollar estrategias sostenibles en este ámbito.

EL PAPEL DE LAS ASOCIACIONES Y REDES UNIVERSITARIAS

Más allá de las políticas y programas gubernamentales, las propias IES y sus asociaciones han desempeñado un papel activo en la promoción de la internacionalización. La Asociación Nacional de Universidades e Instituciones de Educación Superior (ANUIES), por ejemplo, ha sido un actor clave en la promoción del diálogo, el intercambio de buenas prácticas y la formulación de recomendaciones para la internacionalización de la educación superior en México. A través de sus comisiones, foros y publicaciones, la ANUIES ha contribuido a sensibilizar a las IES sobre la importancia de la internacionalización, a identificar los desafíos y oportunidades en este ámbito, y a promover la colaboración entre instituciones.

La encuesta **Patlani**, realizada por la ANUIES, se ha convertido en un instrumento fundamental para medir y analizar las tendencias de la movilidad estudiantil internacional en México. Sus resultados ofrecen un panorama detallado sobre los flujos de estudiantes salientes y entrantes, los principales países de destino y origen, las áreas de estudio más demandadas y las fuentes de financiamiento, proveyendo así información valiosa para la toma de decisiones y la formulación de políticas.

Asimismo, la participación de las IES mexicanas en redes y consorcios universitarios a nivel nacional, regional e internacional ha sido un motor importante para la internacionalización. Estas redes facilitan la movilidad de estudiantes y académicos, la creación de programas conjuntos, la colaboración en proyectos de investigación y el intercambio de buenas prácticas. Ejemplos de estas redes incluyen el Consorcio para la Colaboración en la Educación Superior en América del Norte (CONAHEC), la Unión de Universidades de América Latina y el Caribe (UDUAL), y diversas redes temáticas y disciplinares. Para las Universidades Tecnológicas, la participación en estas redes representa una oportunidad para ampliar su visibilidad internacional, establecer alianzas estratégicas y acceder a nuevas oportunidades de cooperación.

DESAFÍOS Y OPORTUNIDADES PARA LAS UNIVERSIDADES TECNOLÓGICAS MEXICANAS

El panorama de políticas y programas mexicanos para la internacionalización de la educación superior presenta tanto desafíos como oportunidades para el subsistema de Universidades Tecnológicas. Entre los **desafíos**, destacan:

- Dependencia de fondos públicos y programas federales: La internacionalización en las UTs, particularmente la movilidad estudiantil, ha dependido en gran medida de programas de becas federales. La discontinuidad o reorientación de estos programas, como en el caso de Proyecta 100,000, puede tener un impacto significativo en las oportunidades disponibles.
- Falta de una política de Estado de largo plazo: La ausencia de una política de Estado consolidada y transexenal para la internacionalización de la educación superior genera incertidumbre y dificulta la planificación estratégica a largo plazo por parte de las IES.
- Fragmentación y falta de coordinación: La gestión de la internacionalización a nivel federal involucra a diversas secretarías y agencias, lo que en ocasiones puede generar duplicidad de esfuerzos o falta de coordinación.
- Recursos limitados: Las UTs, como instituciones públicas que atienden a una población estudiantil con un perfil socioeconómico a menudo vulnerable, enfrentan limitaciones presupuestales que dificultan la asignación de recursos propios para la internacionalización.

- Barreras lingüísticas y culturales: El dominio de idiomas extranjeros, particularmente el inglés, sigue siendo una barrera importante para la participación de estudiantes y académicos de las UTs en actividades internacionales.

No obstante, también existen oportunidades significativas que las UTs pueden aprovechar:

- Programas de movilidad específicos: A pesar de los cambios, programas como MEXPROTEC y Quebec siguen ofreciendo oportunidades valiosas para la movilidad de estudiantes de las UTs.
- Potencial de la internacionalización en casa: Las UTs pueden desarrollar estrategias creativas y de bajo costo para la internacionalización en casa, como la internacionalización del currículo, el aprendizaje colaborativo internacional en línea (COIL) y la vinculación con comunidades multiculturales locales.
- Fortalecimiento de la cooperación Sur-Sur y regional: La cooperación con países de América Latina y otras regiones en desarrollo puede ofrecer oportunidades de intercambio y colaboración mutuamente beneficiosas y culturalmente pertinentes.
- Vinculación con el sector productivo con perfil internacional: La estrecha relación de las UTs con el sector productivo regional puede ser una palanca para la internacionalización, a través de la colaboración con empresas multinacionales, la promoción de pasantías internacionales y la adaptación de los programas educativos a las demandas del mercado laboral global.
- Uso de las TIC: Las tecnologías de la información y la comunicación ofrecen herramientas poderosas para la internacionalización, desde la movilidad virtual hasta la participación en redes de investigación y la difusión del conocimiento a escala global.

En conclusión, el contexto de políticas y programas mexicanos para la internacionalización de la educación superior es dinámico y presenta un panorama de claroscuros. Si bien existen marcos de planeación que reconocen la importancia de la dimensión internacional y programas específicos que han facilitado la movilidad, persisten desafíos significativos en términos de sostenibilidad, coordinación y equidad. Para las Universidades Tecnológicas Mexicanas, el reto consiste en navegar este complejo entorno con una visión estratégica, aprovechando las oportunidades existentes y desarrollando capacidades propias para una internacionalización que sea, al mismo tiempo, inclusiva, de calidad y pertinente para su misión institucional. Ello requerirá un liderazgo visionario, un compromiso institucional renovado y una colaboración estrecha entre todos los actores del subsistema y con los diversos niveles de gobierno. Los siguientes capítulos se adentrarán en el análisis de cómo las UTs, y en particular dos casos de estudio, están respondiendo a este desafío.

CAPÍTULO 6: LAS UNIVERSIDADES TECNOLÓGICAS MEXICANAS: ORIGEN, ORGANIZACIÓN Y MISIÓN

Para comprender a cabalidad los desafíos y oportunidades que la internacionalización representa para las Universidades Tecnológicas (UTs) mexicanas, resulta imprescindible realizar una aproximación detallada a las características intrínsecas de este subsistema de educación superior. Su origen, su particular modelo educativo, su estructura organizativa y la misión que le fue encomendada desde su creación, configuran un entramado institucional con particularidades que inciden directamente en su capacidad y en la forma en que aborda la dimensión internacional. Este capítulo se propone, por tanto, ofrecer una panorámica general del subsistema de Universidades Tecnológicas, sentando las bases para el análisis de sus prácticas de internacionalización que se desarrollarán en capítulos subsecuentes y, de manera más profunda, en el segundo volumen de esta obra.

ORIGEN Y EVOLUCIÓN DEL SUBSISTEMA DE UNIVERSIDADES TECNOLÓGICAS

El surgimiento de las Universidades Tecnológicas en México a principios de la década de 1990 no fue un hecho aislado, sino que respondió a una confluencia de factores contextuales tanto a nivel nacional como internacional. A nivel global, se observaba una creciente demanda de formación técnica y tecnológica de nivel superior, impulsada por la transformación de los procesos productivos, la emergencia de la economía del conocimiento y la necesidad de contar con capital humano capaz de adaptarse a entornos laborales cada vez más complejos y tecnificados. Países como Francia, con sus Institutos Universitarios de Tecnología (IUT),

Canadá, con sus Collèges d'enseignement général et professionnel (CEGEP), y Estados Unidos, con sus Community Colleges, ya contaban con modelos consolidados de educación superior de ciclo corto, orientados a la formación de técnicos superiores con un fuerte componente práctico y una estrecha vinculación con el sector productivo. (CGUT, 2013)

En el contexto mexicano, a finales de la década de 1980 y principios de los noventa, se evidenciaba una brecha entre la oferta educativa de nivel superior, predominantemente orientada hacia licenciaturas o ingenierías, y las demandas del sector productivo, que requería técnicos altamente calificados con competencias específicas y capacidad de inserción laboral inmediata. Esta situación, aunada a la necesidad de diversificar la oferta educativa, ampliar la cobertura de la educación superior y fortalecer la pertinencia regional de los programas, motivó a la Secretaría de Educación Pública (SEP) a explorar modelos alternativos de formación.

Fue así como en 1990, la SEP emprendió un estudio internacional con la finalidad de analizar las experiencias de otros países en materia de educación superior tecnológica de ciclo corto y de diseñar un modelo adaptado a las necesidades y realidades de México. Como resultado de este estudio, y con base en la experiencia de los IUT franceses como principal referente, se tomó la decisión de crear un nuevo subsistema de educación superior pública: las Universidades Tecnológicas. En 1991, se fundaron las tres primeras UTs: la de Aguascalientes, en el estado homónimo; la de Nezahualcóyotl, en el Estado de México; y la de Tula-Tepeji, en Hidalgo (CGUTyP, 2018a).

Desde su concepción, las Universidades Tecnológicas se perfilaron como instituciones con una vocación eminentemente práctica, orientadas a la formación de Técnicos Superiores Universitarios (TSU) en programas de dos años de duración. Su modelo educativo, basado en competencias profesionales, buscaba garantizar la pertinencia de la formación con las necesidades del sector productivo regional y facilitar la rápida inserción laboral de sus egresados. La vinculación con las empresas y los sectores productivos se estableció como un eje fundamental de su quehacer, no solo para asegurar la relevancia de los planes de estudio, sino también para ofrecer a los estudiantes oportunidades de prácticas profesionales y estadías en entornos laborales reales.

A lo largo de las últimas tres décadas, el subsistema de Universidades Tecnológicas ha experimentado un crecimiento significativo, tanto en el número de instituciones como en la matrícula atendida y la diversificación de su oferta educativa. De las tres instituciones fundadoras en 1991, el subsistema ha crecido hasta contar con más de un centenar de UTs distribuidas en prácticamente todo el territorio nacional, convirtiéndose en una opción educativa crucial para miles de jóvenes, particularmente en regiones con menor oferta de educación superior y para estudiantes provenientes de contextos socioeconómicos vulnerables.

ESTRUCTURA ORGANIZATIVA Y EL PAPEL DE LA DGUTYP

Las Universidades Tecnológicas se constituyen como organismos públicos descentralizados de los gobiernos estatales, lo que les confiere personalidad jurídica y patrimonio propios. No obstante, su funcionamiento y orientación general están coordinados a nivel federal por una entidad administrativa de la Secretaría de Educación Pública. Inicialmente, esta entidad fue la Coordinación General de Universidades Tecnológicas (CGUT). A partir de 2012, la CGUT amplió su ámbito de competencia para incluir también al sistema de universidades politécnicas, cambiando su denominación a Coordinación General de Universidades Tecnológicas y Politécnicas (CGUTyP). Más recientemente, en 2021, esta instancia evolucionó para convertirse en la Dirección General de Universidades Tecnológicas y Politécnicas (DGUTyP).

La DGUTyP desempeña un papel crucial en la definición de las políticas y lineamientos generales para el subsistema, la aprobación de los planes y programas de estudio, la asignación de recursos federales, la promoción de la calidad y la evaluación del desempeño de las UTs. Su Manual de Organización (CGUTyP, 2018a) establece como misión: "Coordinar la planeación, organización, supervisión y evaluación del funcionamiento y la operación del Subsistema de Universidades Tecnológicas y Politécnicas mediante la elaboración de acciones administrativas y de vinculación con el sector productivo de bienes y servicios que promuevan la consolidación del sistema y el desarrollo del individuo y de la sociedad" (p. 6). Su objetivo general es "Contribuir a la mejora de la calidad de la educación superior, como un medio estratégico para acrecentar el capital humano y la competitividad requerida por una economía sustentada en el conocimiento, mediante el desarrollo de políticas, estrategias y procesos que aseguren el fortalecimiento y consolidación del Sistema de Universidades Tecnológicas" (p. 6).

La estructura de la DGUTyP contempla áreas dedicadas a la coordinación académica, la planeación y gestión, la vinculación y cooperación, y la administración. Es relevante notar que la cooperación internacional, y por ende la internacionalización, se ha ubicado tradicionalmente dentro del área de vinculación, aunque en algunos momentos ha existido una subdirección o departamento específico con esta denominación. Esta ubicación organizativa, como se analizará más adelante, tiene implicaciones en la forma en que se concibe y gestiona la internacionalización en el subsistema.

La operación de cada Universidad Tecnológica se rige por un convenio de coordinación entre el gobierno federal y el gobierno estatal correspondiente. Los recursos para su funcionamiento se comparten, en general, en una proporción del 50% federal y 50% estatal. Cada UT cuenta con un Consejo Directivo como máxima autoridad, en el que participan representantes del gobierno estatal, del gobierno federal (a través de la SEP), del municipio donde se ubica la institución, y del sector productivo regional. Esta conformación busca garantizar la pertinencia de la universidad con las necesidades de su entorno y promover la transparencia en su gestión.

MODELO EDUCATIVO Y OFERTA ACADÉMICA

El modelo educativo de las Universidades Tecnológicas constituye uno de sus rasgos distintivos y ha sido un factor clave en su consolidación y reconocimiento. Este modelo se basa en seis atributos fundamentales (CGUTyP, 2014):

1. Calidad: Fomento de una cultura de la evaluación, tanto interna como externa, orientada hacia la mejora continua y el cumplimiento de estándares reconocidos.
2. Pertinencia: Diseño de programas educativos y desarrollo de actividades institucionales que respondan de manera efectiva a las necesidades del sector productivo regional.
3. Intensidad: Modelo educativo de corta duración (inicialmente dos años para el TSU) pero de alta intensidad, con un fuerte componente práctico y un enfoque en el desarrollo de competencias específicas.
4. Continuidad: Posibilidad de que los estudiantes, tras obtener el título de TSU, puedan continuar sus estudios para alcanzar niveles de ingeniería o licenciatura dentro de la misma institución.
5. Polivalencia: Enfoque educativo que busca dotar a los egresados de la versatilidad necesaria para adaptarse a nuevas tecnologías y a diferentes formas de trabajo en entornos laborales cambiantes.
6. Flexibilidad: Promoción de estructuras y planes de estudio flexibles que faciliten la formación multidisciplinaria y la integración del aprendizaje con la aplicación práctica del conocimiento.

Inicialmente, como se mencionó, las UTs ofrecían exclusivamente programas de Técnico Superior Universitario (TSU) con una duración de dos años. Este nivel de formación, con un énfasis en el "saber hacer" (70% práctico y 30% teórico), buscaba preparar profesionistas capaces de desempeñarse en mandos medios, con las competencias necesarias para responder a las demandas específicas del sector productivo. Las estadías profesionales en empresas, con una duración de varios meses, se establecieron como un componente obligatorio y fundamental de este modelo, garantizando que los estudiantes adquirieran experiencia laboral real antes de egresar.

A partir de 2009, en respuesta a las demandas de los propios egresados y del sector productivo, las Universidades Tecnológicas comenzaron a ofrecer programas de continuidad de estudios, permitiendo a los TSU obtener títulos de ingeniería o licenciatura en un periodo adicional de aproximadamente un año y ocho meses. Esta ampliación de la oferta educativa ha fortalecido la atractivo del subsistema y ha ofrecido a los estudiantes mayores oportunidades de desarrollo profesional.

El diseño curricular en las UTs se basa en el desarrollo de competencias profesionales, definidas a partir de estudios de análisis situacional del trabajo (AST) realizados en colaboración con empresas del entorno. Este enfoque garantiza la pertinencia de los programas y la alineación de los perfiles de egreso con las necesidades del mercado laboral. Además, el modelo educativo de las UTs contempla otros elementos importantes, como el aprendizaje de una segunda lengua (generalmente inglés), la práctica de actividades culturales y deportivas, un programa de tutorías con cobertura universal, y la promoción de la movilidad estudiantil y el intercambio académico (CGUT, 2014).

LA INNOVACIÓN DEL MODELO BILINGÜE, INTERNACIONAL Y SUSTENTABLE (UTBIS)

En 2012, la Secretaría de Educación Pública impulsó una innovación significativa dentro del subsistema de UTs con la creación de las Universidades Tecnológicas Bilingües, Internacionales y Sustentables (UTBIS). Este nuevo modelo, como su nombre lo indica, buscaba responder de manera más directa a las demandas de un sector empresarial crecientemente globalizado, que requiere personal técnico con pleno dominio del idioma inglés y con competencias para desenvolverse en contextos internacionales. La Universidad Tecnológica El Retoño, en Aguascalientes, fue la institución piloto de este modelo, que posteriormente se replicó en otras UTs y también en algunas universidades politécnicas (UTR, 2020).

Las UTBIS operan bajo un régimen pedagógico bilingüe inglés-español, donde una parte significativa de los cursos, particularmente a partir del segundo año, se imparten en inglés por personal docente calificado y certificado. El concepto de internacionalización en estas instituciones no solo implica el dominio de otros idiomas, sino también la adquisición de competencias comparables a las obtenidas en sistemas educativos de otros países y el cumplimiento de estándares internacionales en la calidad de la formación y las instalaciones Además, el plan de estudios de las UTBIS a menudo incluye el aprendizaje de un tercer idioma (como japonés, alemán, chino o coreano), dependiendo del enfoque de inversión del sector empresarial de la región. El componente de sustentabilidad en el modelo UTBIS se incorpora desde el diseño arquitectónico de las instalaciones, buscando la eficiencia energética y el uso de energías renovables, así como a través de prácticas de reutilización de agua, reciclaje de residuos y plantación de áreas verdes (UTR, 2020).

Las competencias adicionales que estas universidades pretenden desarrollar en los estudiantes se describen a continuación:

- Competencias bilingües: Es el grado de capacidad que un alumno posee para interpretar y formular frases correctas en un sentido habitual y conveniente en dos o más lenguas. Implica el uso adecuado de reglas gramaticales, vocabulario, pronunciación, entonación y formación de palabras y oraciones. En el caso de una discapacidad auditiva, la competencia está limitada a la competencia escrita y de comprensión lectora.

- Competencias Internacionales: Los estudiantes son competentes en al menos dos idiomas, conscientes de su propia cultura y capaces de identificar las diferencias que existen entre otras culturas. Están abiertos a diversas perspectivas y aprecian la percepción adquirida a través del intercambio cultural abierto. Son pensadores críticos y creativos, que pueden aplicar el entendimiento de diversas culturas, creencias, economías, tecnología y formas de gobierno para trabajar de manera efectiva y colaborativa en entornos interculturales para enfrentar los desafíos del mundo moderno.

- Competencias de Sustentabilidad: El propósito es formar integralmente a ciudadanos responsables, comprometidos con la búsqueda permanente de las mejores relaciones posibles entre la sociedad y el medio ambiente para la supervivencia de ambos, teniendo en cuenta los principios explícitos en los modelos éticos coherentes con un desarrollo humano ambiental y socialmente sostenible. (CGUTyP, 2018b, p.39)

Si bien las UTBIS representan un avance significativo en la orientación internacional del subsistema, es importante señalar que su estructura organizacional fundamental no difiere sustancialmente de la de las UTs tradicionales. Comparten el mismo marco normativo general y la misma dependencia de la DGUTyP. No obstante, su énfasis explícito en el bilingüismo y la internacionalización las convierte en un referente importante y en un posible catalizador para la transformación del subsistema en su conjunto.

MISIÓN Y RETOS DE LAS UNIVERSIDADES TECNOLÓGICAS EN EL SIGLO XXI

La misión fundamental de las Universidades Tecnológicas, desde su origen, ha sido la de formar profesionistas técnicos altamente calificados, con las competencias necesarias para contribuir al desarrollo económico y social de sus regiones y del país. Esta misión se ha mantenido vigente a lo largo de tres décadas, pero el contexto en el que operan estas instituciones ha cambiado drásticamente. La globalización, la economía del conocimiento, la revolución tecnológica y las crecientes demandas de calidad, pertinencia e inclusión plantean nuevos desafíos y exigen una constante adaptación y renovación.

En el siglo XXI, la misión de las UTs debe trascender la mera formación de técnicos para el mercado laboral. Si bien esta sigue siendo una función crucial, las UTs también tienen la responsabilidad de formar ciudadanos críticos, éticos y socialmente responsables, capaces de comprender y actuar en un mundo complejo e interconectado. Tienen el desafío de fomentar la innovación y el emprendimiento, no solo para mejorar la productividad de las empresas, sino también para generar soluciones a los problemas sociales y ambientales de sus comunidades. Y tienen la oportunidad de convertirse en agentes de cambio y desarrollo, promoviendo la inclusión social, la equidad de género, la diversidad cultural y la sostenibilidad ambiental.

En este contexto, la internacionalización emerge no como una opción, sino como una dimensión esencial de la misión de las UTs. La capacidad de estas instituciones para integrar una perspectiva global en su quehacer cotidiano, para fomentar la movilidad y la cooperación internacional, para formar egresados con competencias interculturales y para participar activamente en redes globales de conocimiento e innovación, será determinante para su relevancia y su impacto en el futuro.

No obstante, el camino hacia una internacionalización efectiva y significativa en el subsistema de UTs no está exento de obstáculos. Las limitaciones presupuestales, la dependencia de programas federales, las barreras lingüísticas y culturales, la necesidad de fortalecer las capacidades institucionales para la gestión de la internacionalización, y la falta de una política de Estado de largo plazo son algunos de los desafíos que deben ser abordados de manera estratégica y colaborativa.

Este capítulo ha ofrecido una visión general del subsistema de Universidades Tecnológicas Mexicanas, destacando su origen, su estructura organizativa, su modelo educativo y la misión que le ha sido encomendada. Se ha buscado sentar las bases para comprender las particularidades de estas instituciones y los desafíos específicos que enfrentan al abordar la internacionalización. Los siguientes capítulos se adentrarán en el análisis de cómo las UTs, y en particular dos casos de estudio, están respondiendo a este desafío, con el fin de identificar tanto los avances logrados como las áreas de oportunidad para una internacionalización que contribuya de manera efectiva al cumplimiento de su trascendente misión en el contexto de la educación superior mexicana del siglo XXI. La comprensión de estas bases institucionales es crucial para cualquier intento de diagnóstico o propuesta de mejora en el ámbito de su dimensión internacional.

CAPÍTULO 7: LA DIMENSIÓN INTERNACIONAL EN LAS UNIVERSIDADES TECNOLÓGICAS: UN PRIMER ACERCAMIENTO

Habiendo delineado en el capítulo anterior el origen, la estructura organizativa y la misión fundamental del subsistema de Universidades Tecnológicas (UTs) en México, así como el innovador modelo de las UTs Bilingües, Internacionales y Sustentables (UTBIS), corresponde ahora realizar una primera aproximación a la forma en que estas instituciones conciben e implementan su dimensión internacional. Este capítulo busca explorar cómo se traduce, en la práctica institucional del subsistema, el imperativo de la internacionalización derivado del contexto global y de las políticas educativas nacionales e internacionales previamente analizadas. Se examinará el papel de la Dirección General de Universidades Tecnológicas y Politécnicas (DGUTyP) en la orientación de esta dimensión, así como los principales programas de movilidad estudiantil que han caracterizado los esfuerzos de internacionalización en las UTs.

Es crucial señalar desde el inicio que, si bien la internacionalización es reconocida discursivamente como un elemento relevante para la calidad y pertinencia de la educación superior, su conceptualización y operacionalización dentro del subsistema de UTs presenta una notable heterogeneidad y, en muchos casos, una reducción significativa de su alcance potencial. Como se ha argumentado en capítulos previos, una internacionalización integral y estratégica debería permear todas las funciones sustantivas de la universidad. Sin embargo, en la práctica de muchas UTs, la dimensión internacional tiende a concentrarse, de manera preponderante y a veces exclusiva, en actividades de movilidad estudiantil internacional saliente, condicionada en gran medida por la disponibilidad de programas de becas federales o acuerdos bilaterales específicos.

LA INTERNACIONALIZACIÓN DESDE LA PERSPECTIVA DE LA DGUTYP: LINEAMIENTOS Y PRÁCTICAS

La DGUTyP, como entidad coordinadora del subsistema a nivel federal, desempeña un rol fundamental en la definición de los lineamientos generales y las prioridades para las Universidades Tecnológicas. En lo referente a la internacionalización, su influencia se manifiesta tanto en la estructura organizativa que sugiere para esta función como en el tipo de actividades que promueve y valora.

La cooperación internacional y, por extensión, las actividades de internacionalización-movilidad, se han ubicado tradicionalmente dentro de la Dirección de Vinculación. Esta decisión organizativa no es trivial, ya que sugiere una concepción de la internacionalización primordialmente como una extensión de las actividades de vinculación de la universidad, orientada quizás hacia el establecimiento de convenios con instituciones extranjeras o la participación en proyectos de cooperación específicos. Si bien la vinculación es, sin duda, un componente importante de la internacionalización, reducir esta última a una subfunción de la primera puede limitar su alcance estratégico y su capacidad para permear otras áreas sustantivas como la docencia, la investigación y la gestión académica.

De acuerdo con los Lineamientos de Vinculación del Subsistema de Universidades Tecnológicas (CGUTyP, 2005), una de las tareas explícitas del área de vinculación es la "Cooperación Internacional". Esta tarea, sin embargo, se enlista al final de una serie de funciones predominantemente orientadas hacia la vinculación con el sector productivo y la comunidad local y regional (visitas a empresas, prácticas profesionales, seguimiento de egresados, bolsa de trabajo, etc.). Esta priorización, al menos en el documento normativo, podría interpretarse como un reflejo de la importancia relativa que se le otorga a la dimensión internacional en comparación con otras funciones de vinculación consideradas más centrales para la misión inmediata de las UTs.

La Subdirección de Cooperación Internacional de la DGUTyP (en su sitio web hasta 2020) reportaba diversas actividades que reflejan este enfoque. Entre ellas, destacan la recepción de estudiantes extranjeros en programas de continuidad de estudios, la creación de centros de formación y certificación en Tecnologías de la Información y Comunicación (TIC) en cooperación con universidades extranjeras, la promoción del modelo UTBIS, y el establecimiento de convenios de movilidad estudiantil y docente con instituciones de diversos países. Estas actividades, si bien contribuyen a la dimensión internacional del subsistema, a menudo se presentaban como logros puntuales o programas específicos, más que como componentes de una estrategia de internacionalización integral y articulada a nivel de todo el subsistema.

La ausencia de una postura oficial clara y detallada por parte de la DGUTyP sobre lo que significa la internacionalización en su sentido más amplio para las Universidades Tecnológicas y Politécnicas, y sobre cómo debería operarse de manera estratégica e integral, genera un vacío que cada universidad tiende a llenar de acuerdo con sus propias capacidades, recursos y la visión del liderazgo en turno. Esto resulta en una heterogeneidad de enfoques y niveles de desarrollo de la internacionalización dentro del subsistema, donde algunas UTs pueden tener iniciativas más robustas y diversificadas como las UTBIS, mientras que otras limitan su actividad internacional a la participación esporádica en convocatorias de becas.

PROGRAMAS DE MOVILIDAD ESTUDIANTIL INTERNACIONAL EN LAS UNIVERSIDADES TECNOLÓGICAS

Como se ha mencionado, la movilidad estudiantil internacional saliente ha sido la manifestación más visible y, en muchos casos, la principal estrategia de internacionalización en el subsistema de UTs. Esta movilidad ha estado fuertemente condicionada por la disponibilidad de programas de becas financiados por el gobierno federal, a menudo en el marco de acuerdos bilaterales con otros países. Tres programas han sido particularmente relevantes para las UTs:

1. MEXPROTEC (México Profesional Tecnología): Este programa, establecido en 2008 mediante un convenio de cooperación entre la SEP de México y los ministerios franceses de Enseñanza Superior e

Investigación y de Asuntos Extranjeros, ha sido emblemático para la internacionalización de las UTs. Su objetivo es promover el intercambio para la formación de técnicos superiores universitarios, permitiendo a egresados de TSU de las UTs mexicanas realizar una estancia académica de un año en un Instituto Universitario de Tecnología (IUT) en Francia para obtener una Licencia Profesional con validez internacional. La colaboración se ha centrado exclusivamente en las UTs, y los participantes atienden cursos presenciales, desarrollan un proyecto tutorado y realizan una estadía en una empresa francesa. Las becas son otorgadas por la SEP, actualmente a través de la Coordinación Nacional de Becas para el Bienestar Benito Juárez (CNBBBJ) en conjunto con la DGUTyP. El número de becas ofertadas anualmente ha variado, pero se ha mantenido como una constante oportunidad para los estudiantes de diversas áreas técnicas. El apoyo financiero cubre conceptos cruciales como transporte, manutención, seguro médico y colegiatura, haciendo accesible esta experiencia internacional a jóvenes que de otra manera no podrían costearla. La relevancia de MEXPROTEC radica no solo en la oportunidad de formación técnica especializada en un contexto internacional, sino también en la inmersión cultural y el desarrollo de competecias lingüísticas en francés, un idioma con presencia global. Se estima que, desde su inicio, miles de estudiantes de UTs se han beneficiado de este programa, convirtiéndose en un referente de la cooperación franco-mexicana en educación superior técnica (Secretaría de Educación Superior et al., 2021).

2. Programa Quebec: De manera similar a MEXPROTEC, la colaboración con la Delegación General de Quebec en México ha facilitado la movilidad de estudiantes de las UTs hacia los Centros de Enseñanza General y Profesional (CEGEP) en Quebec, Canadá. Estos centros ofrecen el primer nivel de educación superior en esa provincia canadiense, con programas preuniversitarios y técnicos reconocidos por el Diploma de Estudios Colegiales (Fédération des cégeps, 2019). Este programa de movilidad internacional, también

coordinado por la SEP y la DGUTyP, ofrece estancias de aproximadamente seis meses, durante las cuales los estudiantes cursan materias, desarrollan proyectos y realizan estadías en empresas quebequenses. Los beneficios de la beca son comparables a los de MEXPROTEC, cubriendo transporte, curso intensivo de francés en Canadá, inscripción, manutención y seguro médico (Subsecretaría de Educación Superior et al., 2021). Iniciado en 2010, este programa ha permitido a varias generaciones de estudiantes de UTs vivir una experiencia de internacionalización en un entorno francófono diferente al europeo, fortaleciendo las competencias técnicas, lingüísticas e interculturales de los participantes y diversificando los destinos de movilidad para el subsistema.

3. Proyecta 100,000: Anunciado en 2013 como una iniciativa binacional entre México y Estados Unidos, en el marco del Foro Bilateral sobre Educación Superior, Innovación e Investigación (FOBESI), el programa "Proyecta 100,000" tenía como meta ambiciosa enviar a 100,000 estudiantes mexicanos a realizar estancias en Estados Unidos y atraer a 50,000 estudiantes estadounidenses a México para el año 2018. Aunque no exclusivo para las UTs, este programa representó una oportunidad significativa para sus estudiantes, particularmente para aquellos de instituciones públicas y contextos vulnerables. Las convocatorias, gestionadas por la SEP, la Secretaría de Relaciones Exteriores (SRE) y la AMEXCID, se enfocaron principalmente en la movilidad de corta duración (generalmente cuatro semanas) para el aprendizaje intensivo del idioma inglés y la inmersión cultural en instituciones de educación superior estadounidenses. Las becas cubrían inscripción, colegiatura, hospedaje, alimentación y seguro médico (Secretaría de Educación del Gobierno del Estado de México et al., 2017). Si bien el programa Proyecta 100,000 fue cancelado por la administración federal iniciada en 2018, durante su vigencia (2014-2018) facilitó la movilidad de un número considerable de estudiantes mexicanos, incluyendo aquellos de las UTs, hacia el principal socio comercial y vecino del norte. Esta

experiencia, aunque de corta duración, representó para muchos jóvenes su primer contacto con un entorno académico y cultural extranjero, abriendo nuevas perspectivas y motivaciones.

Estos tres programas ilustran el enfoque predominante de la internacionalización en el subsistema de UTs: una internacionalización impulsada por el exterior (acuerdos bilaterales) y financiada por el gobierno federal (becas concursables), con un fuerte componente de movilidad estudiantil saliente y un énfasis en la adquisición de competencias lingüísticas (francés o inglés) y técnicas en contextos internacionales específicos.

LIMITACIONES DEL ENFOQUE ACTUAL Y LA NECESIDAD DE UN PRIMER ACERCAMIENTO MÁS INTEGRAL

Si bien los programas de movilidad descritos han representado, sin duda, oportunidades valiosas para los estudiantes de las Universidades Tecnológicas, el enfoque predominante en la movilidad saliente financiada por becas federales presenta varias limitaciones desde la perspectiva de una internacionalización integral e inclusiva:

- Alcance limitado: A pesar de los esfuerzos, el número de estudiantes de UTs que participan en estos programas de movilidad sigue siendo una proporción muy pequeña de la matrícula total del subsistema. Factores como el número limitado de becas, los requisitos de idioma y los procesos de selección hacen que estas oportunidades no sean accesibles para la gran mayoría de los estudiantes.
- Dependencia de factores externos: La sostenibilidad de este modelo de internacionalización es vulnerable a los cambios en las políticas gubernamentales, las prioridades presupuestales y las relaciones bilaterales. La cancelación de Proyecta 100,000 es un claro ejemplo de cómo la interrupción de un programa federal puede reducir drásticamente las oportunidades de movilidad.
- Énfasis en la movilidad saliente: El enfoque casi exclusivo en la movilidad saliente descuida otras dimensiones importantes de

la internacionalización, como la internacionalización en casa, la movilidad entrante de estudiantes y académicos, la investigación colaborativa internacional y la internacionalización del currículo. Esto limita los beneficios potenciales de la internacionalización para el conjunto de la comunidad universitaria.

- Posible desconexión con una estrategia institucional integral: En muchos casos, la participación en estos programas de movilidad parece responder más a la disponibilidad de convocatorias externas que a una estrategia de internacionalización claramente definida y articulada a nivel institucional. Esto puede llevar a una dispersión de esfuerzos y a una falta de sinergia con otras iniciativas universitarias.
- Riesgo de "fuga de cerebros" o desvinculación: Si bien la experiencia internacional es enriquecedora, existe el riesgo de que los egresados que participan en programas de movilidad de larga duración no regresen a sus comunidades de origen o que encuentren dificultades para aplicar los conocimientos y competencias adquiridas en el contexto local, a menos que existan estrategias claras de retorno y reinserción.

Ante estas limitaciones, surge la necesidad de que las Universidades Tecnológicas y la DGUTyP realicen un primer acercamiento más integral y estratégico hacia la dimensión internacional. Esto no implica abandonar los programas de movilidad existentes, que son valiosos, sino complementarlos y enriquecerlos con una visión más amplia que busque:

1. Definir una política de internacionalización para el subsistema: Es fundamental que la DGUTyP, en consulta con las universidades, desarrolle una política clara y explícita sobre lo que significa la internacionalización para este subsistema, cuáles son sus objetivos estratégicos y cómo se espera que contribuya a la misión de las UTs. Esta política debería ir más allá de la movilidad y abarcar todas las dimensiones de una internacionalización integral.
2. Fortalecer las capacidades institucionales para la internacionalización: Las UTs necesitan desarrollar capacidades internas para la gestión de la internacionalización, incluyendo la creación de

oficinas o departamentos con personal calificado, la asignación de recursos presupuestales y la formación de sus directivos, académicos y personal administrativo en temas de internacionalización.

3. Promover la internacionalización en casa: Es crucial desarrollar e implementar estrategias sistemáticas para la internacionalización del currículo, el fomento del aprendizaje de idiomas, la promoción del aprendizaje colaborativo internacional en línea (COIL) y la creación de un ambiente intercultural en los campus, de manera que todos los estudiantes, incluso aquellos que no viajan al extranjero, puedan desarrollar competencias globales.
4. Diversificar las estrategias de movilidad: Además de los programas de becas federales, las UTs pueden explorar otras modalidades de movilidad, como los convenios de reciprocidad con instituciones extranjeras (que implican menores costos), la movilidad virtual, las pasantías internacionales en el marco de la vinculación con empresas, y la movilidad de corta duración para la participación en proyectos específicos o eventos académicos.
5. Fomentar la movilidad entrante: Atraer estudiantes y académicos extranjeros a las UTs puede enriquecer la diversidad cultural de los campus, generar oportunidades de aprendizaje intercultural para los estudiantes locales y fortalecer la visibilidad internacional del subsistema.
6. Impulsar la investigación colaborativa internacional: Fomentar la participación de los académicos de las UTs en redes y proyectos de investigación internacionales puede contribuir a elevar la calidad de la investigación, generar conocimiento con relevancia global y fortalecer las capacidades científicas y tecnológicas del subsistema.
7. Establecer mecanismos de seguimiento y evaluación: Es necesario desarrollar indicadores y mecanismos para medir el impacto real de las actividades de internacionalización, no solo en términos de número de movilidades, sino también en términos de desarrollo de competencias, mejora de la calidad, impacto en la empleabilidad y contribución al desarrollo regional.

Este primer acercamiento hacia una dimensión internacional más integral y estratégica en las Universidades Tecnológicas no es una tarea sencilla, pero es indispensable para que este subsistema pueda cumplir cabalmente con su misión en el contexto del siglo XXI. Implica un cambio de mentalidad, una reorientación de prioridades y un compromiso sostenido por parte de todos los actores involucrados. Los siguientes capítulos explorarán, a través del análisis de dos casos de estudio, cómo algunas UTs están comenzando a transitar este camino, identificando tanto los avances como los desafíos que aún persisten. La comprensión de estas dinámicas a nivel institucional será crucial para informar futuras políticas y programas que busquen fortalecer la dimensión internacional de la educación tecnológica en México.

CAPÍTULO 8: FUNDAMENTOS TEÓRICOS PARA ANALIZAR LA INTERNACIONALIZACIÓN EN LAS UNIVERSIDADES TECNOLÓGICAS

Los capítulos precedentes han delineado el vasto y complejo panorama de la internacionalización de la educación superior, desde sus impulsores globales y conceptualizaciones diversas, hasta su manifestación en las políticas y programas tanto a nivel internacional como en el contexto específico de México y, de manera particular, en el subsistema de Universidades Tecnológicas (UTs). Se ha evidenciado que la internacionalización es un fenómeno multifacético, influenciado por una diversidad de factores y actores, y cuya implementación y resultados varían considerablemente entre instituciones y sistemas educativos. Ante esta complejidad, resulta indispensable contar con un andamiaje teórico robusto que permita analizar de manera sistemática y profunda las dinámicas, los procesos y las estructuras que configuran la internacionalización en las UTs, así como comprender las interacciones entre las fuerzas internas y externas que la moldean.

Este capítulo se propone, por tanto, establecer los fundamentos teóricos que sustentarán el análisis empírico de la internacionalización y, más específicamente, de la movilidad estudiantil internacional saliente (MEIS) en las Universidades Tecnológicas, estudio que se desarrollará con mayor detalle en el segundo volumen de esta obra. La elección de un marco teórico adecuado no es una tarea menor, ya que este no solo guía la recolección y el análisis de los datos, sino que también influye en la interpretación de los hallazgos y en la formulación de conclusiones y recomendaciones. En este sentido, y dada la naturaleza intrínsecamente organizacional y social del fenómeno bajo estudio, se ha optado por un enfoque que se nutre de la teoría de sistemas, con un énfasis particular en la concepción de las instituciones educativas como sistemas abiertos, dinámicos y sociales.

La pertinencia de la teoría de sistemas para el análisis de la internacionalización en las UTs radica en su capacidad para abordar la complejidad inherente a este proceso. Como lo plantea Morin (2001), los paradigmas simples o reduccionistas resultan insuficientes para comprender fenómenos que son, por naturaleza, parte de suprasistemas transdisciplinarios. La internacionalización educativa, con sus múltiples dimensiones (política, económica, académica, cultural, social) y sus diversos niveles de análisis (global, regional, nacional, institucional, individual), encaja perfectamente en esta descripción. Un enfoque sistémico permite, por tanto, trascender las visiones fragmentadas o atomizadas –que, por ejemplo, reducirían la internacionalización a la mera movilidad estudiantil o a la firma de convenios– para analizarla como un sistema complejo de elementos interrelacionados que interactúan entre sí y con su entorno.

LA INSTITUCIÓN EDUCATIVA COMO SISTEMA ABIERTO

La teoría general de sistemas, desarrollada inicialmente por Ludwig von Bertalanffy, concibe un sistema como un conjunto de elementos interdependientes que interactúan para lograr un objetivo común y que se encuentran en constante intercambio con su entorno. Una de las distinciones fundamentales dentro de esta teoría es la que se establece entre sistemas cerrados y sistemas abiertos. Los sistemas cerrados son aquellos que no interactúan con su entorno y tienden hacia la entropía o el desorden. Los sistemas abiertos, en cambio, se caracterizan por su constante interacción con el medio ambiente, del cual reciben insumos (energía, información, recursos) y al cual entregan productos o resultados. Esta interacción con el entorno es vital para la supervivencia y adaptación del sistema abierto, ya que le permite obtener los recursos necesarios para su funcionamiento y ajustarse a los cambios y demandas del medio.

Las instituciones de educación superior, y por ende las Universidades Tecnológicas, pueden ser concebidas como sistemas abiertos (Hoy y Miskel,

2013). Están inmersas en un entorno complejo y cambiante –constituido por factores sociales, económicos, políticos, culturales y tecnológicos a nivel local, regional, nacional e internacional– del cual reciben diversos insumos: estudiantes, personal académico y administrativo, recursos financieros (públicos y privados), demandas del mercado laboral, políticas educativas, avances científicos y tecnológicos, valores sociales, etc. A través de sus procesos internos (enseñanza-aprendizaje, investigación, vinculación, gestión), las IES transforman estos insumos y generan una serie de resultados o productos que se reinsertan en el entorno: egresados con determinadas competencias, nuevo conocimiento, innovaciones tecnológicas, servicios a la comunidad, impacto social y cultural, etc.

La apertura del sistema educativo a su entorno implica una interdependencia fundamental. Las IES no solo son afectadas por las fuerzas y demandas del medio, sino que también dependen de él para su subsistencia y legitimidad. Al mismo tiempo, las IES tienen la capacidad de influir y transformar su entorno a través de la formación de capital humano, la generación de conocimiento y la provisión de servicios. Esta relación bidireccional y dinámica es crucial para comprender los procesos de internacionalización. Las estrategias de internacionalización de una UT, por ejemplo, no pueden entenderse al margen de las políticas educativas nacionales, las demandas del sector productivo globalizado, las oportunidades de financiamiento internacional o las características socioculturales de su región. De igual manera, los resultados de estas estrategias (egresados con perfil internacional, investigación con impacto global, etc.) tendrán un efecto en el entorno.

La retroalimentación es un elemento crucial en los sistemas abiertos, ya que permite al sistema monitorear su desempeño, evaluar el impacto de sus resultados en el entorno y realizar los ajustes necesarios para mejorar su adaptación y eficacia. En el contexto de la internacionalización, la retroalimentación puede provenir de diversas fuentes: la evaluación de los egresados por parte de los empleadores, el impacto de la investigación colaborativa, la satisfacción de los estudiantes internacionales, la percepción de la comunidad sobre el rol global de la universidad, etc.

LA DINÁMICA DE LOS SISTEMAS: INTERACCIÓN Y CAMBIO CONSTANTE

Además de su apertura al entorno, los sistemas sociales como las IES se caracterizan por su naturaleza dinámica. No son entidades estáticas, sino que están en un proceso continuo de cambio, adaptación y autoorganización. La teoría de los sistemas dinámicos (TSD), como la describen Thelen y Smith (2006), concibe un sistema como un conjunto de "elementos que cambian con el tiempo" (p. 258). A través de la interacción frecuente con el medio ambiente y entre sus propios componentes, el sistema se reorganiza internamente de manera permanente y se reconstruye en función del tiempo y el contexto.

Esta perspectiva dinámica es particularmente relevante para el análisis de la internacionalización, que es, por definición, un proceso de transformación y adaptación. Las estrategias de internacionalización de una UT no son estáticas, sino que evolucionan en respuesta a cambios en el entorno (nuevas políticas, oportunidades de financiamiento, demandas del mercado), a dinámicas internas (cambios de liderazgo, desarrollo de nuevas capacidades) y a la propia retroalimentación generada por las actividades implementadas.

La TSD propone que un sistema dinámico se compone de múltiples subsistemas interrelacionados, donde el cambio en una variable o subsistema puede tener un impacto en todo el sistema, generando procesos de autoorganización. Aplicado a la internacionalización, esto significa que una modificación en un componente del sistema –por ejemplo, una nueva política gubernamental sobre movilidad estudiantil, un cambio en el liderazgo institucional, o la implementación de un nuevo programa de internacionalización del currículo– puede generar efectos en cascada en otros componentes y en el funcionamiento general de la estrategia de internacionalización de la UT.

El modelo de Marco Dinámico de la Internacionalización de la Educación Superior (Zhou, 2016), describe esta perspectiva multinivel y dinámica. Zhou identifica cinco niveles o subsistemas que interactúan en el proceso de internacionalización: global, nacional, subsistema educativo, institucional y personal. En cada uno de estos niveles, la internacionalización se manifiesta a través de cinco componentes: propósito, programas, funcionamiento, financiamiento y resultados. Un cambio en cualquiera de estos componentes, en cualquiera de los niveles, puede generar disrupciones o reajustes en los demás.

Por ejemplo, a nivel global, las directrices de organismos como la UNESCO o la OCDE (propósito) pueden influir en la creación de programas de cooperación internacional (programas) que son implementados por las IES (funcionamiento) con apoyo de fondos internacionales (financiamiento), generando resultados como el desarrollo de competencias globales en los estudiantes (resultados). A nivel nacional, una nueva política gubernamental (propósito) puede impulsar la creación de programas de becas para movilidad (programas) que son gestionados por agencias nacionales (funcionamiento) con presupuesto federal (financiamiento), resultando en un aumento del número de estudiantes que realizan estancias en el extranjero (resultados). A nivel institucional, la visión de un rector (propósito) puede llevar a la creación de una oficina de relaciones internacionales (funcionamiento) que gestione programas de movilidad (programas) con un presupuesto asignado por la universidad (financiamiento), generando resultados como la firma de nuevos convenios o el incremento de la movilidad estudiantil (resultados).

Esta interconexión y dinamismo implican que el análisis de la internacionalización en las UTs no puede limitarse a una fotografía estática de sus actividades, sino que debe considerar la evolución de estas actividades a lo largo del tiempo, las interacciones entre los diferentes niveles y componentes del sistema, y la forma en que la institución se adapta y responde a los cambios disruptivos.

LA INSTITUCIÓN EDUCATIVA COMO SISTEMA SOCIAL

Finalmente, la concepción de la institución educativa como un **sistema social** (Hoy y Miskel, 2013) aporta una dimensión adicional y crucial para el análisis de la internacionalización. Como sistema social, las IES se caracterizan no solo por su estructura formal y sus objetivos explícitos, sino también por la interacción de sus miembros, sus normas (formales e informales), sus valores compartidos (o en disputa), sus relaciones de poder y su cultura organizacional única.

Hoy y Miskel (2013) identifican varios elementos o subsistemas internos que configuran la vida organizacional de una IES y que interactúan entre sí y con el entorno:

- Sistema estructural: Se refiere a la dimensión formal de la organización, sus jerarquías, roles, reglas y regulaciones. En el contexto de la internacionalización, esto incluye la existencia (o ausencia) de una política institucional de internacionalización, la ubicación de la oficina de relaciones internacionales en el organigrama, los procedimientos para la movilidad estudiantil, los reglamentos para la firma de convenios, etc.
- Sistema individual: Alude a las características, necesidades, motivaciones, creencias y cogniciones de los miembros de la organización (directivos, académicos, estudiantes, personal administrativo). La actitud de estos actores hacia la internacionalización, su compromiso con las iniciativas, sus competencias interculturales y su disposición a participar en actividades internacionales son factores cruciales para el éxito de cualquier estrategia.
- Sistema cultural: Se refiere a los valores, normas, creencias y formas de pensar compartidos por los miembros de la organización. Una cultura institucional que valore la diversidad, la apertura al mundo, la innovación y la colaboración puede ser un facilitador importante para la internacionalización. Por el contrario, una cultura cerrada, resistente al cambio o centrada exclusivamente en lo local puede representar un obstáculo significativo.
- Sistema político: Implica las relaciones de poder, tanto formales como informales, que se dan al interior de la organización. La internacionalización, como cualquier proceso de cambio institucional, puede

generar tensiones y disputas por recursos, reconocimiento o influencia. El apoyo (o la resistencia) de los actores clave con poder de decisión es fundamental para el avance de las estrategias de internacionalización.

Estos cuatro subsistemas internos interactúan de manera compleja y dinámica. El comportamiento de los individuos en relación con la internacionalización estará influenciado tanto por las expectativas estructurales (las políticas y procedimientos institucionales) como por sus propias motivaciones y creencias (sistema individual), por las normas y valores compartidos (sistema cultural) y por las dinámicas de poder existentes (sistema político).

La internacionalización, por tanto, no es solo un conjunto de actividades o programas, sino un proceso de cambio que afecta y es afectado por la totalidad del sistema social de la universidad. Su implementación exitosa requiere no solo una planificación estratégica y una asignación de recursos (dimensión estructural), sino también un liderazgo visionario capaz de generar compromiso y motivación en los individuos (dimensión individual), una cultura organizacional abierta al cambio y a la diversidad (dimensión cultural), y una gestión hábil de las dinámicas de poder para superar resistencias y construir consensos (dimensión política).

APLICACIÓN DEL MARCO TEÓRICO AL ESTUDIO DE LAS UTS

La adopción de este marco teórico –que concibe a las Universidades Tecnológicas como sistemas abiertos, dinámicos y sociales– permite abordar el análisis de su internacionalización desde una perspectiva integral y multidimensional. En lugar de enfocarse aisladamente en un componente específico (como la movilidad estudiantil o los convenios internacionales), este enfoque invita a examinar:

- Las interacciones con el entorno: ¿Cómo influyen las políticas gubernamentales, las tendencias globales, las demandas del sector productivo y las características regionales en las estrategias de internacionalización de las UTs? ¿Cómo responden estas instituciones a los cambios y oportunidades del entorno?

- Las dinámicas internas: ¿Cómo interactúan los diferentes subsistemas (estructural, individual, cultural, político) al interior de las UTs para facilitar o obstaculizar los procesos de internacionalización? ¿Cuál es el rol del liderazgo, la cultura organizacional, las motivaciones individuales y las relaciones de poder en la implementación de las estrategias?
- Los procesos de cambio y adaptación: ¿Cómo evolucionan las estrategias de internacionalización de las UTs a lo largo del tiempo? ¿Cómo se adaptan a los cambios disruptivos (cambios de gobierno, crisis económicas, pandemias, etc.)? ¿Cuáles son los mecanismos de retroalimentación que permiten a estas instituciones aprender y mejorar sus prácticas de internacionalización?
- Los componentes de la internacionalización: ¿Cuáles son los propósitos que orientan la internacionalización en las UTs? ¿Qué tipo de programas y actividades se implementan? ¿Cómo funcionan estas actividades en la práctica? ¿Cómo se financian? ¿Cuáles son sus resultados e impactos?

Este enfoque sistémico permite, además, superar la dicotomía entre análisis cuantitativos (centrados en indicadores de movilidad, número de convenios, etc.) y cualitativos (enfocados en las percepciones y significados de los actores). Si bien los indicadores cuantitativos son importantes para medir ciertos aspectos de la internacionalización, un análisis sistémico reconoce la necesidad de comprender también los procesos subyacentes, las dinámicas sociales y los significados que los actores atribuyen a este fenómeno.

En el contexto específico de la movilidad estudiantil internacional saliente (MEIS) en las UTs, este marco teórico permitirá analizar no solo el número de estudiantes que participan en programas de movilidad, sino también:

- La valoración que la institución y sus actores otorgan a la MEIS como componente de la internacionalización.
- La estructura institucional (formal e informal) que apoya (o dificulta) la gestión de la MEIS.

- El funcionamiento de los procesos de promoción, selección, preparación, seguimiento y reconocimiento de la MEIS.
- El financiamiento de la MEIS, incluyendo las fuentes de recursos y los mecanismos de asignación.
- Los resultados e impactos de la MEIS, tanto para los estudiantes como para la institución y la comunidad.

Al considerar estos elementos dentro de un sistema abierto, dinámico y social, se podrá obtener una comprensión más profunda y matizada de las realidades, los desafíos y las oportunidades de la internacionalización y la movilidad en el subsistema de Universidades Tecnológicas Mexicanas. Este marco teórico no solo guiará el análisis de los datos empíricos que se presentarán en el segundo volumen, sino que también informará la formulación de propuestas y recomendaciones orientadas a fortalecer la dimensión internacional de estas importantes instituciones educativas. La complejidad del fenómeno exige un abordaje igualmente complejo y multidimensional, y la teoría de sistemas ofrece las herramientas conceptuales para emprender esta tarea con rigor y pertinencia.

CAPÍTULO 9: DIAGNÓSTICO DE LA VALORACIÓN DE LA INTERNACIONALIZACIÓN Y LA MOVILIDAD EN LAS UNIVERSIDADES TECNOLÓGICAS

Los capítulos precedentes han establecido un robusto marco conceptual y contextual para el estudio de la internacionalización en la educación superior, con un énfasis particular en el subsistema de Universidades Tecnológicas (UTs) mexicanas. Se ha argumentado que la internacionalización, impulsada por las dinámicas de la globalización y orientada por políticas nacionales e internacionales, debe ser concebida como un proceso integral, estratégico e inclusivo, fundamental para la mejora de la calidad y la pertinencia de las instituciones de educación superior (IES). Asimismo, se ha postulado la teoría de sistemas como un andamiaje teórico idóneo para analizar la complejidad de este fenómeno, considerando a las UTs como sistemas abiertos, dinámicos y sociales.

Sobre estas bases, el presente capítulo se adentra en un primer acercamiento al diagnóstico de la dimensión internacional en las Universidades Tecnológicas, centrándose en un aspecto crucial que subyace y condiciona cualquier esfuerzo institucional: la valoración que la comunidad universitaria otorga a la internacionalización y, de manera particular, a una de sus manifestaciones más visibles, la movilidad estudiantil internacional saliente (MEIS). La forma en que directivos, académicos, estudiantes y personal administrativo perciben, comprenden y valoran la importancia y los beneficios de la internacionalización determinará, en gran medida, el grado de compromiso institucional, la asignación de recursos, la configuración de las estructuras de apoyo y, en última instancia, la eficacia y el impacto de las estrategias implementadas.

Este capítulo, si bien se nutre de los hallazgos empíricos detallados que se presentarán en el segundo volumen de esta obra (particularmente los derivados de los estudios de caso en la Universidad Tecnológica de Tehuacán y la Universidad Tecnológica de Tlaxcala), busca ofrecer una visión diagnóstica más generalizable al subsistema. Se explorará cómo se articula el discurso oficial sobre la internacionalización en las UTs, cómo este discurso se traduce (o no) en una valoración compartida por los diversos actores institucionales, y cuáles son los beneficios que se atribuyen a la internacionalización y la movilidad en los niveles estudiantil, institucional y comunitario. Se pondrá especial atención en la persistente confusión conceptual entre internacionalización y movilidad, y en la dicotomía entre lo enunciado en los documentos oficiales y lo ejecutado en la práctica cotidiana.

EL DISCURSO OFICIAL SOBRE LA INTERNACIONALIZACIÓN EN LAS UNIVERSIDADES TECNOLÓGICAS

A nivel del discurso oficial, tanto emanado de la Dirección General de Universidades Tecnológicas y Politécnicas (DGUTyP) como de los documentos normativos y las páginas web de diversas UTs, se observa un reconocimiento explícito de la importancia de la internacionalización. Con frecuencia, se alude a la necesidad de que las UTs formen egresados con una perspectiva global, capaces de desenvolverse en un mercado laboral cada vez más competitivo e interconectado. Se menciona la internacionalización como un factor que contribuye a la calidad y pertinencia de la oferta educativa, y como un medio para fortalecer la vinculación con instituciones y organismos de otros países.

Sin embargo, este discurso oficial, a menudo elocuente y alineado con las tendencias globales, contrasta con la realidad operativa de muchas instituciones. Como se ha señalado, la estructura organizativa para la internacionalización en el subsistema tiende a ser débil, a menudo reducida a una persona o una pequeña oficina dentro de la Dirección de Vinculación, con recursos limitados y una capacidad de incidencia estratégica restringida. Esta brecha entre el discurso y la estructura sugiere que, si bien la internacionalización es valorada en el plano retórico, su traducción en un compromiso institucional tangible y en una asignación prioritaria de recursos no siempre se materializa con la misma contundencia.

LA VALORACIÓN DE LA INTERNACIONALIZACIÓN Y LA MOVILIDAD POR LOS ACTORES INSTITUCIONALES

Más allá del discurso oficial, resulta crucial explorar cómo valoran la internacionalización y la movilidad los diversos actores que conforman la comunidad de las Universidades Tecnológicas. Los estudios de caso realizados en la UT de Tehuacán y la UT de Tlaxcala, cuyos detalles se expondrán en el segundo volumen, ofrecen una ventana privilegiada para comprender estas percepciones y valoraciones. Si bien cada institución presenta sus particularidades, se pueden identificar patrones y tendencias comunes que arrojan luz sobre el estado general de la valoración en el subsistema.

Un primer hallazgo significativo es la persistente confusión conceptual entre internacionalización y movilidad estudiantil. A pesar de que el discurso oficial en algunas UTs, e incluso las definiciones académicas, distinguen claramente ambos conceptos, en la práctica, para una gran mayoría de los informantes (directivos, académicos y estudiantes), hablar de internacionalización es, en esencia, hablar de movilidad estudiantil al extranjero. Cuando se les pregunta sobre la importancia de que la universidad trabaje en internacionalización, la respuesta natural y casi inmediata se centra en los beneficios de que los estudiantes realicen estancias académicas en otros países.

Esta reducción conceptual tiene implicaciones profundas. Por un lado, limita el espectro de estrategias y actividades que se consideran "internacionales", descuidando dimensiones cruciales como la internacionalización del currículo en casa, la investigación colaborativa internacional o la formación de competencias interculturales para el conjunto de la comunidad universitaria. Por otro lado, concentra los esfuerzos y recursos (a menudo escasos) en la gestión de programas de movilidad, lo que puede llevar a una internacionalización fragmentada y con un alcance limitado.

No obstante esta confusión, es innegable que la movilidad estudiantil internacional es altamente valorada por la mayoría de los actores institucionales. Se le atribuyen múltiples beneficios que se pueden agrupar en tres niveles:

1. Beneficios a Nivel Estudiantil (Personal y Académico): Este es el nivel de beneficios más enfatizado y detallado por los informantes. Se percibe que la experiencia de estudiar en el extranjero transforma la vida de los estudiantes, generando un cambio de paradigmas, una ampliación de horizontes y un mayor aprecio por la diversidad cultural.

    - Desarrollo de competencias interculturales y personales: Los estudiantes que participan en movilidad se enfrentan a nuevas culturas, idiomas, formas de pensar y de vivir, lo que les obliga a desarrollar habilidades de adaptación, comunicación intercultural, resolución de problemas y resiliencia. Se menciona que los jóvenes regresan "renovados", "más desenvueltos", con una "identidad propia reafirmada" y una mayor "conciencia global". La experiencia de vivir en un entorno diferente les permite también valorar más su propia cultura y las particularidades de su país de origen.

    - Enriquecimiento académico y profesional: La movilidad ofrece a los estudiantes la oportunidad de conocer diferentes enfoques pedagógicos, acceder a conocimientos y tecnologías no disponibles en su institución de origen, y mejorar sus competencias lingüísticas. Se considera que esta experiencia enriquece su formación profesional, les proporciona un "marco de referencia más amplio" y mejora su "empleabilidad" futura. En el caso específico de programas como MEXPROTEC, se valora el acceso a un "conocimiento único" y a una especialización con reconocimiento internacional.

2. Beneficios a Nivel Institucional: Si bien menos enfatizados que los beneficios personales, también se reconoce que la movilidad estudiantil y, por extensión, la internacionalización, aportan ventajas a la propia universidad.

    - Mejora del prestigio y la proyección: Se considera que tener estudiantes y programas con componente internacional mejora la imagen y el prestigio de la UT, tanto a nivel regional como nacional e incluso internacional. Ofrecer movilidad "vende bien" y puede atraer a más estudiantes a la institución, lo que a su vez puede tener un impacto positivo en la matrícula y, potencialmente, en el presupuesto asignado.

  - Cumplimiento de indicadores y acreditaciones: En algunos casos, el número de estudiantes en movilidad o la existencia de convenios internacionales son considerados como indicadores de calidad en procesos de acreditación de programas o de evaluación institucional.
  - Fortalecimiento de la vinculación internacional: La movilidad puede ser el primer paso para establecer o consolidar relaciones con instituciones extranjeras, abriendo la puerta a futuras colaboraciones en investigación, docencia o desarrollo de proyectos.

3. Beneficios a Nivel Comunitario y Regional: Este es el nivel de beneficios menos mencionado por los informantes, aunque se reconoce su potencial importancia.
   - Contribución al desarrollo local y regional: Se percibe que los estudiantes que regresan de una experiencia internacional, con nuevas competencias, conocimientos y una visión más amplia, pueden contribuir de manera más innovadora y efectiva al desarrollo de sus comunidades y del sector productivo regional. Su perfil "más internacional" los hace más atractivos para los empleadores locales y les permite, en algunos casos, impulsar proyectos con impacto social.
   - Mejora de la competitividad regional: Al formar egresados con competencias globales y facilitar la vinculación con actores internacionales, las UTs pueden contribuir a mejorar la competitividad de las empresas y los sectores productivos de su región en un entorno económico globalizado.

Es importante destacar que la valoración de la internacionalización y la movilidad no es homogénea entre todos los actores ni entre todas las instituciones. El liderazgo institucional, particularmente la visión y el compromiso del rector o rectora en turno, juega un papel crucial en la definición de prioridades y en la asignación de recursos. Un rector con una visión amplia de la internacionalización, que la conciba como un proceso integral y estratégico para la mejora de la calidad, tenderá a promover una gama más diversa de actividades y a buscar una mayor articulación entre ellas. Por el contrario, un liderazgo que reduzca la internacionalización a la movilidad o que la considere una actividad secundaria o supeditada a la disponibilidad de fondos externos, limitará considerablemente su alcance e impacto.

Asimismo, la capacidad de la institución para comunicar internamente el significado y los beneficios de la internacionalización es un factor determinante. La confusión conceptual entre internacionalización y movilidad, y la falta de una estrategia clara y compartida, pueden llevar a que los esfuerzos se dispersen, a que los diferentes actores no comprendan su rol en el proceso, y a que la internacionalización no logre permear la cultura institucional de manera efectiva.

LA DICOTOMÍA ENTRE EL DISCURSO Y LA PRÁCTICA: RETOS PARA UNA VALORACIÓN EFECTIVA

A pesar del reconocimiento discursivo de la importancia de la internacionalización y de la alta valoración de los beneficios de la movilidad estudiantil, el diagnóstico realizado en las UTs (que se profundizará en los estudios de caso del segundo volumen) revela una persistente dicotomía entre lo enunciado y lo ejecutado. Esta brecha se manifiesta en varios aspectos:

- Reducción de la internacionalización a la movilidad: Como ya se ha mencionado, a pesar de que los documentos oficiales y algunos líderes puedan abogar por una internacionalización integral, en la práctica cotidiana de muchos actores y en la asignación de recursos, la internacionalización tiende a equipararse con la movilidad estudiantil. Las estrategias de "internacionalización en casa", por ejemplo, suelen ser incipientes, fragmentadas o inexistentes.

- Estructuras débiles y recursos limitados: La valoración positiva de la movilidad no siempre se traduce en la creación de estructuras institucionales sólidas y con recursos suficientes para su gestión. Las oficinas de internacionalización o movilidad suelen ser pequeñas, con personal limitado (a menudo un solo encargado con múltiples funciones) y sin una línea presupuestaria propia y estable. Esto las hace vulnerables a los cambios de administración y dependientes de la iniciativa personal de sus encargados. Hudzik (2015) postula que el financiamiento asignado a la internacionalización es un barómetro de la importancia real que la institución le otorga; desde esta perspectiva, la situación en muchas UTs reflejaría una valoración más retórica que efectiva.
- Enfoque reactivo y dependencia de fondos externos: La implementación de actividades de internacionalización, particularmente la movilidad, a menudo responde de manera reactiva a la disponibilidad de convocatorias de becas federales o programas de cooperación específicos, más que a una estrategia proactiva y planificada a largo plazo por la propia institución. Esta dependencia de fondos externos limita la autonomía y la sostenibilidad de los esfuerzos.
- Falta de una estrategia integral y articulada: A pesar de la existencia de planes de desarrollo institucional que mencionan la internacionalización, rara vez se observa una estrategia integral, articulada y transversal que defina objetivos claros, metas medibles, indicadores de seguimiento y responsabilidades específicas para la internacionalización en todas las áreas sustantivas de la universidad. Los esfuerzos suelen ser sectoriales, descoordinados y con un impacto limitado en la transformación institucional.
- Desafíos en la comunicación y la cultura institucional: La falta de una comunicación interna efectiva sobre el significado, los objetivos y los beneficios de una internacionalización integral dificulta la creación de una cultura organizacional que valore y promueva la dimensión global de manera compartida y comprometida. Muchos

académicos y estudiantes pueden percibir la internacionalización como algo ajeno a su quehacer cotidiano o como una oportunidad reservada solo para unos pocos.

Esta dicotomía entre el discurso y la práctica representa uno de los principales desafíos para el avance de una internacionalización más robusta y significativa en las Universidades Tecnológicas. No basta con valorar positivamente la movilidad estudiantil o con incluir la internacionalización en los documentos oficiales. Es necesario que esta valoración se traduzca en un compromiso institucional real, que se refleje en la asignación de recursos, en la creación de estructuras de apoyo, en la formulación de estrategias integrales y en la promoción de una cultura organizacional que abrace la dimensión internacional como un componente esencial de su identidad y su quehacer.

HACIA UN DIAGNÓSTICO CONTINUO Y PARTICIPATIVO DE LA VALORACIÓN

Para superar esta brecha y avanzar hacia una internacionalización más efectiva, es fundamental que las Universidades Tecnológicas implementen mecanismos de diagnóstico continuo y participativo de la valoración que su comunidad otorga a este proceso. Esto implica:

- Realizar estudios periódicos de percepción: Sondear de manera regular las opiniones y valoraciones de directivos, académicos, estudiantes y personal administrativo sobre la importancia, los beneficios y los desafíos de la internacionalización y la movilidad.
- Fomentar el diálogo y la reflexión interna: Crear espacios de discusión y reflexión crítica sobre el significado de la internacionalización para la institución, sus implicaciones para las diferentes áreas sustantivas y las estrategias más pertinentes para su implementación.
- Utilizar herramientas de autodiagnóstico: Emplear instrumentos como el Marco de Internacionalización (USMEXFUSION y CCID, 2020), que permiten a la institución evaluar su nivel de desarrollo

en diversas categorías de la internacionalización e identificar fortalezas y áreas de oportunidad.

- Involucrar a todos los actores en la definición de estrategias: Asegurar que la formulación de la política y la estrategia de internacionalización sea un proceso participativo, que recoja las voces y perspectivas de los diferentes miembros de la comunidad universitaria.
- Comunicar de manera efectiva: Desarrollar estrategias de comunicación interna que permitan difundir de manera clara y persuasiva los objetivos, los beneficios y los avances de la internacionalización, fomentando así una mayor comprensión y compromiso por parte de toda la comunidad.

Un diagnóstico preciso y una valoración compartida de la internacionalización son el punto de partida indispensable para construir un camino sólido y sostenible hacia la transformación institucional. Sin este fundamento, los esfuerzos corren el riesgo de ser fragmentados, reactivos y con un impacto limitado. Las Universidades Tecnológicas tienen el potencial de convertir la internacionalización en una poderosa herramienta para el cumplimiento de su misión, pero ello requiere un compromiso genuino y una acción concertada que comience por una profunda reflexión sobre el valor y el significado que esta dimensión tiene para su presente y su futuro. Este capítulo ha buscado ofrecer un primer acercamiento a este diagnóstico, identificando tanto las luces como las sombras en la valoración actual de la internacionalización y la movilidad en el subsistema. El siguiente y último capítulo de este volumen, abordará otro elemento analítico relevante para la comprensión profunda de la internacionalización de la educación superior: su evaluación.

CAPÍTULO 10: MODELOS Y DESAFÍOS PARA LA EVALUACIÓN DE LA INTERNACIONALIZACIÓN EN EL CONTEXTO DE LAS UNIVERSIDADES TECNOLÓGICAS

A lo largo de los capítulos precedentes, se ha establecido la creciente relevancia de la internacionalización como un proceso estratégico para las instituciones de educación superior (IES) en un entorno globalizado. Se ha argumentado que este fenómeno, impulsado por múltiples factores y orientado por diversas políticas, debe ser concebido de manera integral, inclusiva y con un claro enfoque en la mejora de la calidad institucional. En el contexto específico de las Universidades Tecnológicas (UTs) mexicanas, se ha realizado un primer acercamiento diagnóstico a la valoración de la internacionalización y la movilidad, evidenciando tanto el reconocimiento de sus beneficios como la persistencia de desafíos conceptuales y operativos.

No obstante, para que la internacionalización trascienda el plano discursivo y se convierta en una palanca efectiva de transformación institucional, resulta indispensable contar con mecanismos robustos de evaluación. La evaluación de la internacionalización no es un mero ejercicio técnico o un requisito burocrático, sino un componente fundamental del ciclo de planificación estratégica, que permite a las IES monitorear sus avances, identificar áreas de oportunidad, tomar decisiones informadas y, en última instancia, asegurar la calidad y la pertinencia de sus esfuerzos. Este capítulo se aboca, por tanto, a explorar los modelos, enfoques y desafíos inherentes a la evaluación de la internacionalización, con una mirada particular a su aplicabilidad y relevancia en el contexto de las Universidades Tecnológicas.

LA CALIDAD Y LA EVALUACIÓN EN EL PROCESO DE INTERNACIONALIZACIÓN

Como se discutió en el Capítulo 3, la internacionalización y la calidad son dos conceptos intrínsecamente ligados. La internacionalización, cuando se implementa de manera estratégica e integral, puede contribuir significativamente a la mejora de la calidad en todas las funciones sustantivas de la universidad: la formación de los estudiantes, la investigación, la vinculación con el entorno y la gestión institucional. A su vez, la búsqueda de la calidad debe ser un motor fundamental que oriente y dé sentido a las estrategias de internacionalización.

En este marco, la evaluación de la internacionalización se convierte en un instrumento clave para el aseguramiento de la calidad. Galicia (2010) señala que la evaluación educativa es el medio por el cual una institución obtiene información constante sobre el avance en la gestión de la educación y la calidad de la formación. Este principio es plenamente aplicable a la internacionalización: evaluar este proceso permite a las IES conocer no solo los resultados cuantitativos (número de estudiantes en movilidad, convenios firmados, etc.), sino también, y más importante aún, el impacto cualitativo de estas actividades en la formación de los estudiantes, en la generación de conocimiento, en la cultura institucional y en la relación con el entorno.

La necesidad de evaluar la internacionalización se ha vuelto más apremiante en un contexto de creciente rendición de cuentas en la educación superior. Las IES, tanto públicas como privadas, están sujetas al escrutinio de diversos actores –gobiernos, organismos acreditadores, empleadores, estudiantes, sociedad en general– que demandan evidencia del uso eficiente de los recursos y del cumplimiento de los objetivos institucionales. En este sentido, la evaluación de la internacionalización permite a las IES demostrar la calidad y la pertinencia de sus esfuerzos, justificar la inversión de recursos y responder a las expectativas de sus grupos de interés.

Beerkens et al. (2010) identifican tres razones principales que explican la creciente demanda de información y rendición de cuentas sobre la internacionalización institucional: primero, el tránsito de la internacionalización de una actividad periférica a un proceso central, más complejo y abarcador, que requiere no solo indicadores cuantitativos sino también cualitativos; segundo, el surgimiento de una cultura de rendición de cuentas en la educación superior basada en evaluaciones; y tercero, la creciente competencia global y la importancia de los rankings universitarios, que impulsan a las instituciones a buscar indicadores para resaltar su perfil y desempeño.

MODELOS Y ENFOQUES PARA LA EVALUACIÓN DE LA INTERNACIONALIZACIÓN

A lo largo de las últimas décadas, se han desarrollado diversos modelos, enfoques y herramientas para la evaluación de la internacionalización en la educación superior. Estos instrumentos varían en su alcance, su metodología y sus propósitos, pero en general buscan proveer a las IES un marco para analizar sus fortalezas, debilidades y áreas de oportunidad en este ámbito.

1. El Proceso de Revisión de la Calidad de la Internacionalización (IQRP): Este modelo, desarrollado a finales de los años noventa por la OCDE bajo el liderazgo de Hans de Wit y Jane Knight (1999), representó un esfuerzo pionero por establecer un marco para la evaluación de la calidad de la internacionalización a nivel institucional. El IQRP se basó en un proceso de autoevaluación por parte de la institución, seguido de una evaluación por pares externos. Su propósito era evaluar el logro de las metas y objetivos de internacionalización definidos por la propia institución, la integración de la dimensión internacional en sus funciones sustantivas y la inclusión de la internacionalización en su sistema general de aseguramiento de la calidad. El IQRP, aplicado en varias universidades de diferentes regiones del mundo (incluyendo la UNAM en México), demostró la viabilidad y la utilidad de un enfoque de evaluación que combina la autoevaluación con la mirada externa, y que se centra tanto en el progreso como en la calidad de los procesos. De Wit (2013), reflexionando sobre esta experiencia, destaca la importancia de evaluar la internacionalización no como un fin en sí misma, sino

como un medio para mejorar la calidad institucional, y la necesidad de que las evaluaciones sean periódicas y se enfoquen en la integración estratégica de los diferentes componentes.

2. Modelos Basados en Indicadores: En respuesta a la necesidad de contar con herramientas más estructuradas y comparables, han surgido diversos modelos de evaluación basados en indicadores. Estos modelos buscan medir el desempeño de las IES en diferentes dimensiones de la internacionalización a través de un conjunto de indicadores, tanto cuantitativos como cualitativos. Un ejemplo relevante en el contexto latinoamericano es el modelo de indicadores de internacionalización propuesto por Jocelyn Gacel-Ávila (2017). Este modelo abarca dos grandes ejes: indicadores de procesos organizacionales (políticas y estrategias, apoyo y recursos financieros, internacionalización de los recursos humanos) e indicadores de programas académicos (internacionalización del currículo, política de idiomas, programas en colaboración, internacionalización de la investigación, del estudiante y del profesorado, acuerdos de colaboración, etc.). Si bien estos modelos basados en indicadores pueden ser útiles para la autoevaluación, el benchmarking y la identificación de áreas de mejora, también enfrentan el desafío de capturar la complejidad y la diversidad de los procesos de internacionalización, y el riesgo de reducir la evaluación a una mera cuantificación de actividades. El proyecto europeo IMPI (Indicators for Mapping y Profiling Internationalisation) (Beerkens et al., 2010) es otro ejemplo de un esfuerzo por compilar y sistematizar indicadores utilizados en diferentes países, con el objetivo de ofrecer una "caja de herramientas" para las IES.

3. Modelo de Programa Lógico (Deardorff y Van Gaalen): Como alternativa a los modelos basados exclusivamente en indicadores, Deardorff y Van Gaalen (2012) proponen el uso del modelo de programa lógico para la evaluación de la internacionalización. Este enfoque, ampliamente utilizado en la evaluación de programas en los sectores público y social, se centra en la cadena de resultados esperados de una intervención, desde los insumos (recursos) y

las actividades, hasta los productos (outputs), los resultados a mediano plazo (outcomes) y los impactos a largo plazo. Aplicado a la internacionalización, este modelo permite a las IES clarificar sus objetivos, identificar las actividades necesarias para alcanzarlos y medir el impacto real de sus esfuerzos. Los componentes de este modelo son los siguientes: Insumos/Recursos (personal, presupuesto, infraestructura), Actividades/Componentes de Internacionalización (movilidad, internacionalización del currículo, investigación colaborativa), Resultados de Internacionalización (número de estudiantes en movilidad, programas con componente internacional), Impactos de Internacionalización (competencias globales en egresados, mejora de la calidad) y, finalmente, el Impacto de Largo Plazo de la Internacionalización. Este enfoque se centra en la mejora continua y en la evaluación longitudinal, y permite responder a preguntas fundamentales como: ¿A dónde queremos ir con nuestra internacionalización? ¿Cómo vamos a llegar allí? ¿Cómo sabremos que hemos llegado?

4. El Marco de Internacionalización (USMEXFUSION y CCID, 2020): Desarrollado específicamente con una perspectiva cualitativa y de mejora continua, y pensando en la realidad de las instituciones de educación superior mexicanas, incluyendo las Universidades Tecnológicas, este marco busca superar las limitaciones de los modelos puramente cuantitativos. Se estructura en categorías y subcategorías de la internacionalización, y para cada una de ellas define etapas de desarrollo institucional que van desde lo marginal o aislado hasta lo integral y coordinado. Este instrumento tipo rúbrica no solo permite a las IES realizar un autodiagnóstico de su nivel de desarrollo en internacionalización, sino que también facilita la identificación de fortalezas y áreas de oportunidad, y el establecimiento de metas y planes de acción para avanzar hacia etapas superiores de madurez. Su enfoque en la inclusión y en la voz de todos los actores institucionales lo convierte en una herramienta valiosa para promover un proceso de internacionalización más participativo y transformador.

DESAFÍOS PARA LA EVALUACIÓN DE LA INTERNACIONALIZACIÓN EN LAS UNIVERSIDADES TECNOLÓGICAS

Si bien los modelos y enfoques descritos ofrecen herramientas valiosas para la evaluación de la internacionalización, su aplicación en el contexto específico de las Universidades Tecnológicas Mexicanas enfrenta una serie de desafíos particulares que deben ser considerados:

1. Cultura de la evaluación incipiente o fragmentada de la internacionalización: Aunque las UTs participan en procesos de evaluación externa (acreditación de programas, evaluación por parte de la DGUTyP), la cultura de la autoevaluación sistemática y continua de la internacionalización puede ser aún incipiente o estar fragmentada. A menudo, la evaluación se percibe más como un requisito externo que como una herramienta interna para la mejora.

2. Recursos limitados para la evaluación: La evaluación de la internacionalización requiere tiempo, personal capacitado y, en algunos casos, recursos financieros específicos. Las UTs, con sus presupuestos a menudo ajustados, pueden enfrentar dificultades para asignar los recursos necesarios para llevar a cabo procesos de evaluación rigurosos y sostenibles.

3. Falta de indicadores pertinentes y adaptados: Muchos de los indicadores y modelos de evaluación de la internacionalización han sido desarrollados en contextos diferentes al de las UTs (por ejemplo, en grandes universidades de investigación con una larga tradición internacional). Es necesario desarrollar o adaptar indicadores que sean pertinentes para la misión, las características y las capacidades de las UTs, y que permitan medir el impacto de la internacionalización en áreas clave para este subsistema, como la empleabilidad de los egresados, la vinculación con el sector productivo regional y la contribución al desarrollo local.

4. Dificultad para medir el impacto cualitativo: Si bien es relativamente sencillo medir indicadores cuantitativos (número de estudiantes

en movilidad, número de convenios, etc.), resulta más complejo evaluar el impacto cualitativo de la internacionalización, como el desarrollo de competencias interculturales en los estudiantes, el cambio en la cultura institucional o la mejora de la calidad de la enseñanza-aprendizaje. Esto requiere el uso de metodologías de evaluación cualitativas y mixtas, para las cuales las UTs pueden no contar siempre con la capacidad instalada.

5. Confusión conceptual y falta de una visión compartida: Como se discutió en el capítulo anterior, la persistente confusión conceptual entre internacionalización y movilidad, y la falta de una visión estratégica compartida sobre la internacionalización al interior de las UTs, dificultan la definición de objetivos claros y metas medibles, lo que a su vez complica el proceso de evaluación. Si no se sabe con claridad qué se quiere lograr con la internacionalización, resulta difícil evaluar si se está avanzando en la dirección correcta.

6. Resistencia al cambio y a la evaluación: Como en cualquier proceso de cambio institucional, la evaluación de la internacionalización puede generar resistencias por parte de algunos actores, que pueden percibirla como una amenaza, una carga adicional de trabajo o una crítica a su desempeño. Es fundamental crear un clima de confianza y promover una cultura de la evaluación orientada al aprendizaje y la mejora, más que al control o la sanción.

7. Sostenibilidad de los procesos de evaluación: Para que la evaluación sea efectiva, no puede ser un evento aislado, sino un proceso continuo e integrado en el ciclo de planificación y gestión institucional. Esto requiere un compromiso de largo plazo por parte del liderazgo institucional y la asignación de los recursos necesarios para garantizar su sostenibilidad.

HACIA UNA EVALUACIÓN CON PROPÓSITO EN LAS UNIVERSIDADES TECNOLÓGICAS

A pesar de estos desafíos, la evaluación de la internacionalización es una tarea ineludible y fundamental para las Universidades Tecnológicas que aspiran a fortalecer su dimensión internacional y a mejorar su calidad y pertinencia. Para que esta evaluación sea efectiva y significativa, se proponen las siguientes consideraciones:

- Definir claramente el propósito de la evaluación: Antes de iniciar cualquier proceso evaluativo, es crucial que la UT defina con claridad qué se quiere evaluar (¿la estrategia general de internacionalización, un programa específico, el impacto en los estudiantes?), por qué se quiere evaluar (¿para rendir cuentas, para mejorar la calidad, para tomar decisiones estratégicas?) y para quién se quiere evaluar (¿para la propia institución, para la DGUTyP, para organismos acreditadores?).
- Adoptar un enfoque participativo: La evaluación de la internacionalización debe ser un proceso participativo, que involucre a los diferentes actores institucionales (directivos, académicos, estudiantes, personal administrativo) en la definición de los criterios, la recolección de la información y el análisis de los resultados. Esto no solo enriquece el proceso, sino que también genera un mayor compromiso con los hallazgos y las recomendaciones.
- Utilizar una combinación de enfoques y herramientas: Dada la complejidad de la internacionalización, es recomendable utilizar una combinación de enfoques metodológicos (cuantitativos y cualitativos) y de herramientas de evaluación (indicadores, autoevaluaciones, estudios de caso, encuestas, entrevistas, etc.) que permitan obtener una visión integral y matizada del fenómeno.
- Adaptar los modelos a la realidad institucional: En lugar de aplicar acríticamente modelos o indicadores desarrollados en otros contextos, las UTs deben adaptarlos o desarrollar sus propios instrumentos de evaluación, que sean pertinentes para su misión, sus características y sus capacidades.

- Enfocarse en el aprendizaje y la mejora continua: La evaluación no debe ser vista como un fin en sí misma, sino como una herramienta para el aprendizaje institucional y la mejora continua. Los resultados de la evaluación deben utilizarse para identificar fortalezas y debilidades, para retroalimentar el proceso de toma de decisiones y para ajustar las estrategias de internacionalización de manera oportuna y efectiva.
- Integrar la evaluación en el ciclo de planificación estratégica: La evaluación de la internacionalización debe estar integrada en el ciclo general de planificación y gestión de la universidad, de manera que sus resultados informen la definición de objetivos, la asignación de recursos y el diseño de nuevas iniciativas.
- Desarrollar capacidades internas para la evaluación: Es fundamental que las UTs inviertan en la formación de su personal en metodologías de evaluación y en la creación de una cultura de la evaluación que promueva la transparencia, la reflexión crítica y el compromiso con la mejora continua.

En síntesis, la evaluación de la internacionalización en las Universidades Tecnológicas es un desafío complejo pero esencial. Requiere un compromiso institucional, una visión estratégica, un enfoque participativo y la adopción de herramientas y metodologías pertinentes. Al asumir este desafío, las UTs podrán no solo medir el impacto de sus esfuerzos de internacionalización, sino también convertir la evaluación en una poderosa palanca para el aprendizaje institucional, la mejora de la calidad y el cumplimiento de su trascendente misión en la sociedad mexicana. Este capítulo ha buscado sentar las bases conceptuales y metodológicas para esta tarea, reconociendo que la evaluación, al igual que la propia internacionalización, es un proceso en constante evolución y aprendizaje. El segundo volumen de esta obra ofrecerá ejemplos concretos de cómo estos desafíos se manifiestan y se abordan en la realidad de dos Universidades Tecnológicas.

CONCLUSIÓN: LA INTERNACIONALIZACIÓN EN LAS UNIVERSIDADES TECNOLÓGICAS MEXICANAS – HACIA UNA VISIÓN ESTRATÉGICA E INTEGRAL

El camino transitado a lo largo de los diez capítulos que conforman este primer volumen, "Internacionalización en las Universidades Tecnológicas Mexicanas: Realidades, Desafíos y Marco Conceptual", ha tenido como propósito fundamental sentar las bases para una comprensión profunda y matizada de un fenómeno que se erige como ineludible y transformador para la educación superior en el siglo XXI. Se ha buscado desentrañar la complejidad inherente a la internacionalización, explorando sus impulsores globales, su evolución conceptual, el contexto político y programático que la enmarca, y las particularidades que adquiere en el subsistema de Universidades Tecnológicas (UTs) mexicanas. El objetivo último ha sido proveer un diagnóstico informado y un andamiaje teórico-conceptual robusto que sirva de plataforma para el análisis de las prácticas concretas de internacionalización y movilidad estudiantil que se abordarán en el segundo volumen de esta obra.

A lo largo de estas páginas, se ha argumentado con insistencia que la internacionalización de la educación superior no es una moda pasajera ni un conjunto de actividades aisladas y cosméticas. Por el contrario, emerge como una respuesta estratégica y necesaria de las instituciones de educación superior (IES) al fenómeno omnipresente de la globalización. Este proceso global, con sus múltiples dimensiones –económica, política, social, cultural y tecnológica–, ha reconfigurado radicalmente el entorno en el que operan las universidades, planteándoles nuevos desafíos en términos de pertinencia, calidad, competitividad y responsabilidad social. En este contexto, la capacidad de las IES para integrar una dimensión internacional, intercultural y global en su quehacer cotidiano se ha convertido en un factor determinante para su supervivencia, su desarrollo y su capacidad para cumplir con su misión fundamental de formar profesionales competentes y ciudadanos comprometidos con su tiempo.

Se ha constatado que la conceptualización de la internacionalización ha experimentado una evolución significativa, transitando desde visiones iniciales centradas en la cooperación internacional y la movilidad académica, hacia enfoques más holísticos y estratégicos como la internacionalización integral o la internacionalización en casa. Definiciones clave, como las propuestas por Jane Knight, John Hudzik o Hans de Wit, han sido fundamentales para trascender la mera enumeración de actividades y concebir la internacionalización como un proceso intencional de integración de una perspectiva global en el propósito, las funciones y la oferta de la educación superior. Esta visión procesual e integradora subraya la necesidad de que la internacionalización no sea un apéndice, sino un eje transversal que permee la totalidad de la vida institucional.

Asimismo, se ha enfatizado la importancia de vincular la internacionalización con dos imperativos fundamentales: la calidad y la inclusión. La internacionalización, lejos de ser un fin en sí misma, debe ser concebida como un poderoso medio para el aseguramiento y la mejora continua de la calidad institucional en todas sus dimensiones: docencia, investigación, vinculación y gestión. Al mismo tiempo, este proceso debe diseñarse e implementarse de tal manera que sus beneficios se extiendan a toda la comunidad universitaria, evitando la creación o profundización de brechas y desigualdades. Una internacionalización que no contribuya a la calidad y la inclusión corre el riesgo de perder su legitimidad y su potencial transformador.

El análisis del contexto político y programático, tanto a nivel internacional como nacional, ha revelado la existencia de un complejo entramado de actores, políticas y tendencias que inciden en la internacionalización de la educación superior. Organismos como la UNESCO y la OCDE, a pesar de sus diferentes enfoques –más humanista y desarrollista en el primer caso, más económico y competitivo en el segundo–, coinciden en reconocer la importancia de la cooperación académica transfronteriza y en promover directrices para su fomento y regulación. A nivel nacional, los Planes Nacionales de Desarrollo y los Programas Sectoriales de Educación en México han incluido, con diferentes niveles de énfasis y concreción, líneas de acción orientadas a la internacionalización, y se han implementado programas específicos, particularmente en el ámbito de la movilidad estudiantil, que han tenido un impacto directo en las IES, incluyendo las Universidades Tecnológicas.

El subsistema de Universidades Tecnológicas, con su origen particular, su modelo educativo basado en competencias y su fuerte vinculación con el sector productivo regional, presenta un escenario singular para el análisis de la internacionalización. Estas instituciones, creadas para responder a las demandas de formación técnica de nivel superior y para ampliar las oportunidades educativas en diversas regiones del país, enfrentan el desafío de equilibrar su vocación local y regional con la necesidad de preparar a sus egresados para un entorno globalizado. La innovación del modelo UTBIS (Bilingüe, Internacional y Sustentable) representa un esfuerzo significativo en esta dirección, aunque su alcance y sostenibilidad aún están por consolidarse.

El diagnóstico preliminar de la valoración de la internacionalización y la movilidad en las UTs, esbozado en el capítulo nueve, ha puesto de manifiesto una realidad compleja y, en ocasiones, contradictoria. Por un lado, existe un reconocimiento discursivo de la importancia de la internacionalización y una alta valoración de los beneficios de la movilidad estudiantil, particularmente a nivel personal y académico para los estudiantes. Por otro lado, persiste una confusión conceptual que tiende a reducir la internacionalización a la movilidad, y se observa una brecha significativa entre el discurso oficial y las prácticas institucionales concretas, especialmente en lo referente a la asignación de recursos, la configuración de estructuras de apoyo y la implementación de estrategias integrales y sostenibles. La dependencia de fondos públicos y programas federales para la movilidad, la debilidad de las estructuras internas de gestión y la falta de una cultura de internacionalización plenamente arraigada en la comunidad universitaria emergen como algunos de los principales desafíos.

Para abordar la complejidad de este fenómeno y sentar las bases para un análisis empírico riguroso, se ha propuesto en este volumen un marco teórico basado en la teoría de sistemas, concibiendo a las Universidades Tecnológicas como sistemas abiertos, dinámicos y sociales. Esta perspectiva permite analizar la internacionalización no como un conjunto de elementos aislados, sino como un sistema complejo de componentes interrelacionados (propósito, programas, funcionamiento, financiamiento, resultados) que operan en múltiples niveles (global, nacional, subsistema, institucional, personal) y que se encuentran en constante interacción con su entorno. Asimismo, reconoce la influencia de las dinámicas internas de la organización –su estructura, la cultura, las relaciones de poder y las motivaciones individuales– en la configuración y el desarrollo de los procesos de internacionalización. Este andamiaje teórico se considera fundamental para trascender las descripciones superficiales y para comprender las fuerzas profundas que moldean la dimensión internacional de las UTs.

Finalmente, se ha destacado la importancia crucial de la evaluación como herramienta para el aseguramiento de la calidad y la mejora continua de los esfuerzos de internacionalización. Se han explorado diversos modelos y enfoques evaluativos, desde el IQRP hasta los modelos basados en indicadores y el enfoque de programa lógico, reconociendo la necesidad de adaptar estos instrumentos al contexto específico de las Universidades Tecnológicas. La evaluación, concebida como un proceso participativo, continuo y orientado al aprendizaje, puede convertirse en una palanca fundamental para que las UTs fortalezcan su capacidad de internacionalización y maximicen su impacto.

En síntesis, este primer volumen ha buscado construir un diagnóstico informado y un marco conceptual robusto para el estudio de la internacionalización en las Universidades Tecnológicas Mexicanas. Se ha argumentado que, para estas instituciones, la internacionalización no es un lujo ni una opción, sino una necesidad estratégica para cumplir con su misión en el siglo XXI. Sin embargo, para que este proceso sea verdaderamente transformador, debe trascender la visión reduccionista que la limita a la movilidad estudiantil y abrazar una concepción integral, inclusiva y orientada a la calidad, que permee todas las funciones sustantivas de la universidad y beneficie a toda su comunidad.

La tarea que tienen por delante las Universidades Tecnológicas es compleja y multifacética. Requiere, en primer lugar, una clarificación conceptual y una visión estratégica compartida sobre lo que significa la internacionalización para el subsistema y para cada institución en particular. Implica, asimismo, un compromiso institucional renovado que se traduzca en la asignación de recursos adecuados, la creación de estructuras de apoyo eficientes y el desarrollo de capacidades en todos los niveles de la organización. Demanda, además, una cultura organizacional que valore la diversidad, promueva la apertura al mundo y fomente la colaboración intercultural. Y exige, finalmente, una vocación por la evaluación y la mejora continua, que permita a las UTs aprender de sus experiencias, adaptar sus estrategias y asegurar la calidad y la pertinencia de sus esfuerzos.

Este libro sienta las bases para el análisis más detallado que se emprenderá en el segundo volumen, donde se examinarán en profundidad las prácticas de internacionalización y movilidad en dos Universidades Tecnológicas específicas. Se espera que la conjunción de este diagnóstico conceptual y contextual con el análisis empírico de los estudios de caso ofrezca una visión integral y propositiva que contribuya al fortalecimiento de la dimensión internacional de este importante subsistema de educación superior mexicana. La internacionalización, bien entendida y estratégicamente implementada, puede ser una poderosa herramienta para que las Universidades Tecnológicas no solo respondan a los desafíos de un mundo globalizado, sino que también reafirmen su compromiso con la formación de profesionales competentes, ciudadanos globales y agentes de transformación social en sus regiones y en el país. El camino hacia una internacionalización de calidad e inclusiva es un proceso continuo de aprendizaje y adaptación, y este volumen aspira a ser una contribución significativa a este tránsito.

REFERENCIAS

Altbach, P. G., Reisberg, L., y Rumbley, L. E. (2009). *Trends in global higher education: Tracking an academic revolution*. UNESCO.

Beelen, J., y Jones, E. (2015). Redefining 'internationalisation at home': perspectives from Europe and Australia. En A. Curaj, L. Matei, R. Pricopie, J. Salmi y P. Scott (Eds.), *The European Higher Education Area* (pp. 59-72). Springer.

Beerkens, E., Branderburg, U., Evers, N., Leichsenring, H., y Zimmermann, V. (2010). *Indicator projects on internationalization—approaches, methods and findings*. European Commission.

CGUT. (2013). *Programa Institucional de Desarrollo del Subsistema de Universidades Tecnológicas 2013-2018*. Coordinación General de Universidades Tecnológicas.

CGUT. (2014). *Modelo Educativo de las Universidades Tecnológicas*. Coordinación General de Universidades Tecnológicas.

CGUTyP. (2005). *Lineamientos de Vinculación del Subsistema de Universidades Tecnológicas*. Coordinación General de Universidades Tecnológicas y Politécnicas.

CGUTyP. (2018a). *Manual de Organización de la Coordinación General de Universidades Tecnológicas y Politécnicas*. Coordinación General de Universidades Tecnológicas y Politécnicas.

CGUTyP. (2018b). Universidades Tecnológicas y Politécnicas Bilingües, Internacionales y Sustentable. Coordinación General de Universidades Tecnológicas y Politécnicas.

De Wit, H. (2002). *Internationalization of Higher Education in the United States of America and Europe: A Historical, Comparative and Conceptual Analysis*. Greenwood Publishing.

De Wit, H. (2013). Internationalization of higher education, an introduction on the why, how and what. En H. De Wit (Ed.), *An introduction to Higher Education Internationalization* (pp. 13-46). Centre for Higher Education Internationalization.

De Wit, H., Hunter, F., Howard, L., y Egron-Polak, E. (Eds.). (2015). *Internationalization of Higher Education*. European Parliament.

De Wit, H., y Jones, E. (2018). Inclusive Internationalization: Improving Access and Equity. *International Higher Education, 94*, 16-18.

Deardorff, D. K., y Van Gaalen, A. (2012). Outcomes Assessment in the Internationalization of Higher Education. En D. K. Deardorff, H. de Wit, J. Heyl y T. Adams (Eds.), *The Sage Handbook of International Higher Education* (pp. 182-224). Sage.

DOF. (2013). *Plan Nacional de Desarrollo 2013-2018*. Diario Oficial de la Federación.

DOF. (2019). *Plan Nacional de Desarrollo 2019-2024*. Diario Oficial de la Federación.

Egron-Polak, E., y Hudson, R. (2014). *Internationalization of Higher Education: Growing expectations, fundamental values*. IAU 4th Global Survey. International Association of Universities.

Engberg, D., y Green, M. (2002). *Promising practices: Spotlighting excellence in comprehensive internationalization*. American Council on Education.

Fédération des cégeps. (2019). *¿Qué es un CEGEP?*. Canadá. Recuperado de https://www.cegepsquebec.ca/es/nuestros-cegeps/presentacion/que-es-un-cegep/

Gacel-Ávila, J. (2006). *La dimensión internacional de las universidades. Contexto, procesos, estrategias*. Universidad de Guadalajara.

Gacel-Ávila, J. (2017). *Estrategias de internacionalización de la educación superior: implementación, evaluación y rankings*. UNESCO.

Gacel-Ávila, J., y Rodríguez-Rodríguez, S. (2018). *Internacionalización de la Educación Superior en América Latina y el Caribe. Un balance*. RIESAL, UDG.

Galicia-Haro, E. F. (2010). Programación, presupuestación y fuentes de financiamiento en instituciones educativas. En L. Munch, E. Galicia, S. Jiménez, F. Patiño y F. Pedronni, *Administración de Instituciones Educativas* (pp. 75-97). Trillas.

Held, D., McGrew, A., Goldblatt, D., y Perraton, J. (1999). *Global transformations: Politics, economics and culture*. Stanford University Press.

Hoy, W. K., y Miskel, C. G. (2013). *Educational administration: Theory, research, and practice* (9th ed.). McGraw-Hill.

Hudzik, J. K. (2011). *Comprehensive internationalization: From concept to action*. NAFSA: Association of International Educators.

Hudzik, J. K. (2015). *Comprehensive internationalization: Institutional pathways to success*. Routledge.

Knight, J. (1994). *Internationalization: Elements and Checkpoints*. (CBIE Research Paper, No. 7). Canadian Bureau for International Education.

Knight, J. (1999). Internationalisation of higher education. En J. Knight y H. De Wit (Eds.), *Quality and Internationalisation in Higher Education*. OCDE.

Knight, J. (2004). Internationalization Remodeled: Definition, Approaches, and Rationales. *Journal of Studies in International Education, 8*(1), 5–31.

Knight, J. (2005). An International Model: Responding to New Realities and Challenges. En H. De Wit, I. Jaramillo, J. Gacel y J. Knight (Eds.), *Educación Superior en América Latina. La dimensión internacional* (pp. 1-38). Banco Mundial, Mayol.

Knight, J., y De Wit, H. (1997). Internationalisation of higher education: A conceptual framework. En J. Knight y H. De Wit (Eds.), *Internationalisation of higher education in Asia Pacific countries* (pp. 5-19). EAIE.

Leask, B. (2015). *Internationalizing the curriculum.* Routledge.

Morin, E. (2001). *Los siete saberes necesarios para la educación del futuro.* Nueva Visión.

OCDE. (2008). *Tertiary Education for the Knowledge Society, Vol. 1.* OECD Publishing.

Sebastián, J. (2007). *Manual de indicadores de internacionalización de la ciencia y la tecnología.* Programa Iberoamericano de Ciencia y Tecnología para el Desarrollo.

Secretaría de Educación del Gobierno del Estado de México, Agencia Mexicana de Cooperación Internacional para el Desarrollo, y Secretaría de Relaciones Exteriores. (2017). *Convocatoria. Programa Proyecta 100,000 Y 10,000.*

SEP. (2013). *Programa Sectorial de Educación 2013-2018.* Secretaría de Educación Pública

SEP. (2020). *Programa Sectorial de Educación 2020-2024.* Secretaría de Educación Pública

Secretaría de Educación Pública, Coordinación Nacional de Becas para el Bienestar Benito Juárez, y Coordinación General de Universidades Tecnológicas y Politécnicas. (2021). *Convocatoria. Beca de Movilidad Internacional Cooperación Franco-Mexicana en el Área de la Enseñanza Profesional y Tecnológica Superior MEXPROTEC 2021.*

Slaughter, S., y Leslie, L. L. (1999). *Academic capitalism: Politics, policies, and the entrepreneurial university.* Johns Hopkins University Press.

Stallivieri, L., y Tabajara Vianna, C. (2020). Responsible internationalization, new paradigms for cooperation between higher education institutions. *Revista de Estudos de Gestão Informação e Tecnología, 2*(14), 9-30.

Subsecretaría de Educación Superior, Coordinación Nacional de Becas de Educación Superior, y Coordinación General de Universidades Tecnológicas y Politécnicas. (2021). *Convocatoria Interna. Programa de Formación para la Movilidad Internacional MEXPROTEC, Francia y Quebec, Canadá.*

Thelen, E., y Smith, L. B. (2006). Dynamic systems theories. En W. Damon y R. M. Lerner (Eds.), *Handbook of child psychology. Vol 1: Theoretical models of human development* (pp. 258-312). John Wiley and Sons, Inc.

UNESCO. (1995). *Documento de política para el cambio y el desarrollo en la educación superior*. UNESCO.

UNESCO. (1998). *Declaración mundial sobre la educación superior en el siglo XXI: visión y acción*. Conferencia Mundial sobre la Educación Superior. UNESCO.

UNESCO. (2009). *Comunicado. Conferencia Mundial sobre la Educación Superior–2009: La nueva dinámica de la educación superior y la investigación para el cambio social y el desarrollo*. UNESCO.

UNESCO. (2016). *Educación 2030: Declaración de Incheon y Marco de Acción para la realización del Objetivo de Desarrollo Sostenible 4*. UNESCO.

UTR. (2020). Manual de Organización. Universidad Tecnológica El Retoño

USMEXFUSION y CCID. (2020). *Marco para la Internacionalización*. USMEXFUSION AC. Community Colleges for International Development. https://usmexfusion.org/pdfs/2020_Marco_INTZ_Huerta_Jimenez.pdf

Uvalic-Trumbic, S. (2004). *Educación Superior en una sociedad mundializada*. UNESCO.

Van der Wende, M. (1996). Internationalising the curriculum in Dutch higher education: An international comparative perspective. *Journal of Studies in International Education, 1*(2), 53–72.

Vilchis, P. I. (2020). *La Implantación de Políticas de Internacionalización de la Educación Superior. El Programa "Proyecta 100,000" de México* (Tesis doctoral). Repositorio Institucional BUAP.

Woodhouse, D. (1999). Quality and Quality Assurance. En OCDE (Ed.), *Quality and Internationalisation in Higher Education* (pp.29-40). Imhe.

Zhou, J. (2016). A Dynamic Systems Approach to Internationalization of Higher Education. *Journal of International Education and Leadership, 6*(1), 1-14.